Dirk Gronwald · Nicola Lilje

Bankkaufmann
Bankkauffrau

Bankwirtschaft Teil I

Konventionelle Aufgaben
und
Kundenberatung

Prüfungstrainer Abschlussprüfung
Übungsaufgaben und erläuterte Lösungen

Lösungsteil

Bestell-Nr. 479

U-Form Verlag · Hermann Ullrich GmbH & Co. KG

Ihre Meinung ist uns wichtig!

Du hast Fragen, Anregungen oder Kritik zu diesem Produkt?

Das U-Form Team steht dir gerne Rede und Antwort.

Direkt auf

facebook.com/pruefungscheck

fragen, diskutieren, stöbern und weiteres Wichtige und Wissenswerte rund um Ausbildung erfahren

oder einfach eine kurze E-Mail an

feedback@u-form.de

Titelbild

© macrovector – Fotolia.com

Bitte beachten:

Zu diesem Prüfungstrainer gehört auch noch ein Aufgabenteil.

COPYRIGHT

U-Form Verlag · Hermann Ullrich GmbH & Co. KG
Cronenberger Straße 58 · 42651 Solingen
Telefon 0212 22207-0 · Telefax 0212 208963
Internet: www.u-form.de · E-Mail: uform@u-form.de

12. Auflage 2016 · ISBN 978-3-88234-479-0

Inhaltsverzeichnis

Ihre Notizen

A

Schriftliche Prüfung im Fach Bankwirtschaft Teil I

Lösungen der konventionellen Aufgaben

Die nachfolgenden Lösungshinweise sind stichwortartig abgefasst, damit Sie die Inhalte, die in Ihren Lösungen enthalten sein sollten, besser und schneller erfassen können. Für das Ausformulieren der Lösungen siehe im Aufgabenteil, Seite 9 – 14, die Arbeitsanleitung für konventionelle Aufgaben.

Ihre Notizen

1.01

a) **Gründe für das Lastschriftverfahren**

Das Lastschriftverfahren eignet sich zum Einzug von Forderungen, die sowohl in regelmäßigen als auch in unregelmäßigen Zeitabständen, in regelmäßiger oder wechselnder Höhe und in großem Umfang entstehen.

b) **Vorteile des Lastschriftverfahrens für den Zahlungsempfänger**

- Ein Vorteil für den Zahlungsempfänger (hier: Fitnessstudio) bei diesem Verfahren liegt in der guten Dispositionsmöglichkeit der eigenen Liquidität, da der Zahlungsvorgang vom Fitnessstudio ausgelöst wird. Dadurch kann das Fitnessstudio auch seine eigenen Zahlungsverpflichtungen besser koordinieren, da es zu einem bestimmten (regelmäßigen) Termin den Gesamtbetrag der eingereichten Lastschriften gutgeschrieben bekommt.
- Außerdem ergeben sich Zinsvorteile für das Fitnessstudio, da die Beiträge gesammelt werden und pünktlich eingehen.
- Durch die beleglose Abwicklung wird die eigene Buchhaltung entlastet und das Mahnwesen vereinfacht. Zahlungseingänge müssen nicht mehr überwacht werden, lediglich nicht eingelöste bzw. widersprochene Lastschriften müssen gesondert bearbeitet werden.
- Kassenfehlbeträge durch Verzählen bei Barzahlungen und ggf. Transporte zum Nachttresor der Bank und Sortenumtausche (Schweizer Franken) werden vermieden. Außerdem ist es aus Sicherheitsgründen vorteilhaft, nicht soviel Bargeld in den Geschäftsräumen zu haben.

c) **Gültigkeitsbereich des SEPA-Lastschriftverfahrens**

Mit dem einheitlich europaweit funktionierenden SEPA-Lastschriftverfahren können fällige Rechnungsbeträge auch in Österreich und der Schweiz eingezogen werden*. Die Schweiz ist dem Abkommen auch beigetreten. Voraussetzung bei den schweizerischen Kunden ist allerdings, dass das Konto des Zahlungspflichtigen (in der Schweiz) in Euro geführt wird.

Fortsetzung auf der nächsten Seite

*Teilnehmerländer sind alle Mitglieder der Europäischen Union sowie Island, Liechtenstein, Norwegen, die Schweiz und Monaco.

1.01

Fortsetzung

d)

	SEPA-Basis-Lastschrift-Verfahren
Autorisierung	Der Zahlungspflichtige erteilt dem Zahlungsempfänger ein **Lastschriftmandat**; dieses Mandat ermächtigt den Zahlungsempfänger – Forderungen vom Konto des Zahlungspflichtigen einzuziehen und – die Bank des Zahlungspflichtigen mit der Einlösung der Lastschrift zu beauftragen.
Kunden-kennung	IBAN
Geltungs-dauer	Das Mandat gilt bis zum Widerruf beim Zahlungsempfänger, allerdings verfällt das Mandat wenn 36 Monate lang keine Lastschriften eingereicht werden.
Fälligkeiten	Die Lastschrift hat ein festes Fälligkeitsdatum („due date") und der Zahlungsempfänger muss den Zahlungspflichtigen über jeden Lastschrifteinzug vorab informieren („pre-notification").
Widerspruchs-fristen	– innerhalb von 8 Wochen nach Belastungsbuchung – bei unautorisierten Lastschriften: innerhalb von 13 Monaten

e) **Pre-Notification**

Die so genannte Pre-Notification (Vorabankündigung) ist Bestandteil des SEPA-Abkommens. Der Zahlungsempfänger ist demnach verpflichtet, den Zahlungspflichtigen über die „anstehende Lastschrift" zu informieren. Zweck der Vorankündigung ist neben der reinen Informationsfunktion auch, dass dem Zahlungspflichtigen so die Möglichkeit eingeräumt wird, für ausreichende Kontodeckung zu sorgen. Das Medium für die Pre-Notification ist nicht vorgeschrieben, möglich ist die Benachrichtigung beispielsweise per Brief, Vertrag, Rechnung, sms, Telefon, E-Mail etc.. Bei wiederkehrenden Lastschriften mit gleichen Beträgen ist eine einmalige Unterrichtung des Zahlungspflichtigen vor dem ersten Lastschrifteinzug und die Angabe der Fälligkeitstermine ausreichend. Die Vorankündigung muss spätestens 14 Tage vor der ersten Abbuchung erfolgen, es sei denn, ein kürzerer Zeitpunkt wird vereinbart (allerdings muss der Zahlungspflichtige immer noch genügend Zeit haben, um für Kontodeckung zu sorgen). Im Folgenden sind Mustertexte der Vorabankündigungen abgedruckt, für einmalige Einzüge und für wiederkehrende:

Mustertext für eine einzelne Vorabinformation für einen Einzug, z. B. für ein Rechnungsformular:
Den Rechnungsbetrag in Höhe von [Betrag] Euro ziehen wir als SEPA-Lastschrift zum Fälligkeitstag [Datum] zu Ihrer persönlichen Mandatsreferenz [MANDATSREFERENZ] und unserer Gläubiger-Identifikationsnummer [GLÄUBIGER-ID] von Ihrem Konto [IBAN] bei der xy-Bank [BIC] ein.

Fortsetzung auf der nächsten Seite

1.01

Fortsetzung

Mustertext für eine einmalige Vorabinformation bei wiederkehrenden Lastschriften mit gleichen Beträgen, z. B. für Mietvertrag, Vereinsbeiträge, Abonnementvertrag: Den monatlichen Rechnungsbetrag in Höhe von [Betrag] Euro ziehen wir als SEPA-Lastschrift zum 3. Werktag jedes Monats, beginnend mit dem Monat [Monat], zu Ihrer persönlichen Mandatsreferenz [MANDATSREFERENZ] und unserer Gläubiger-Identifikationsnummer [GLÄUBIGER-ID] von Ihrem Konto [IBAN] bei der xy-Bank [BIC] ein. Fällt der Fälligkeitstag auf ein Wochenende oder einen Feiertag, gilt der nächste Werktag (Targettag*) als Fälligkeitstag.

f) **Berechnung des Einreichdatums für Lastschrifteinzüge**
Durch die SEPA-Einführung wurde der europäische Zahlungsverkehr vereinheitlicht und standardisiert. Dazu gehören unter anderem einheitliche Fristen für die Vorlage von Lastschriften. Entscheidend ist dabei immer die Vorlage bei der Zahlstelle (= Kreditinstitut des Zahlungspflichtigen)! Die verpflichtende Angabe eines Fälligkeitsdatums (due-date) führt dazu, dass der Zahlungsempfänger (hier: Fit-4-Fun GmbH) die Lastschriften rechtzeitig seinem Kreditinstitut zum Einzug vorlegen muss, damit die Fälligkeitsdaten eingehalten werden können.

Bei der Berechnung des Einreicherdatums spielt es eine Rolle, ob es sich um Erst- oder Einmal-Lastschriften, Folge-Lastschriften, Lastschriften im Basisverfahren, Lastschriften im Firmenverfahren oder um (Basis-)Lastschriften handelt, bei denen Schuldner und Gläubiger in Deutschland sitzen.

Für den vorliegenden Fall gilt:
SEPA-Basis-Lastschrift (Erst- und Einmallastschrift):
Früheste Vorlage: <u>14 Kalender</u>tage vor Fälligkeit bei der Zahlstelle
Späteste Vorlage: <u>5 Target</u>tage vor Fälligkeit bei der Zahlstelle

Daraus ergibt sich: Einreichung der Lastschrift bei der 1. Inkassostelle
(= Kreditinstitut des Zahlungsempfängers): spätestens **6 Targettage** bis 13.00 Uhr vor Fälligkeit

Beispiel: Fälligkeit: Mittwoch, 13.02.20.. → Einreichung bis spätestens Dienstag, 05.02.20.. (13:00 Uhr)

SEPA-Basis-Lastschrift (Folgelastschrift)
Früheste Vorlage: <u>14 Kalender</u>tage vor Fälligkeit bei der Zahlstelle
Späteste Vorlage: <u>2 Target</u>tage vor Fälligkeit bei der Zahlstelle

Daraus ergibt sich: Einreichung der Lastschrift bei der 1. Inkassostelle: spätestens **3 Targettage** bis 13.00 Uhr vor Fälligkeit

Fortsetzung auf der nächsten Seite

*Targettage sind Bankarbeitstage. Keine Targettage sind: Neujahr, Karfreitag, Ostermontag, 1. Mai, 1. und 2. Weihnachtsfeiertag.

1.01

Fortsetzung

Beispiele:	
Fälligkeit:	Freitag 05.04.20.. → Einreichung: Mittwoch, 03.04.20.. (13:00 Uhr)
Fälligkeit:	Sa, 13.03.20.. (→ Fälligkeit: 15.03.20.., weil der 13.03. kein Targettag ist!) →
Einreichung:	Donnerstag, 11.03.20.. (13:00 Uhr)

Sonderfall: Wenn sowohl der Gläubiger als auch der Schuldner bzw. die Zahlstelle in Deutschland sitzen, können Basis-Folgelastschriften auch erst 1 Tag vor Fälligkeit vorgelegt werden! Daraus ergibt sich: Einreichung der Lastschrift spätestens **2 Targettage** vor Fälligkeit. Diese Lastschriften werden auch als **Euro-Express-Lastschriften** bezeichnet.

Beim Firmen-Lastschriftverfahren gilt generell die Regel:
Vorlage bei der Zahlstelle: 1 Targettag vor Fälligkeit → Einreichung: 2 Targettage vor Fälligkeit.

g)

ga) **Beteiligte der Inkassovereinbarung**

Die Inkassovereinbarung ist eine Vereinbarung über den Einzug von Forderungen mittels Lastschriften. Diese Vereinbarung wird zwischen dem Zahlungsempfänger (hier: Fitnessstudio) und der 1. Inkassostelle (= Kreditinstitut des Zahlungsempfängers; hier: Gartenbank AG) geschlossen. Ergänzend zu dieser Vereinbarung werden dem Zahlungsempfänger die „Bedingungen für den Lastschrifteinzug" ausgehändigt, ein mehrseitiges Bedingungswerk, das alle rechtlichen Aspekte des Lastschrifteinzugs behandelt.

gb) **Verpflichtungen für den Zahlungsempfänger aus der Inkassovereinbarung**

- der Zahlungsempfänger ist nur berechtigt, fällige Forderungen einzuziehen
- der Zahlungsempfänger verpflichtet sich, Lastschriften nur dann zum Einzug einzureichen, wenn ihm ein schriftliches Lastschriftmandat vorliegt
- nicht eingelöste und zurückbelastete Lastschriften dürfen nicht erneut zum Einzug gegeben werden
- Lastschriften müssen der Zahlstelle bei Erst- und Einmallastschriften mindestens 5 Tage, bei Folgelastschriften mindestens zwei Tage vor Fälligkeit vorliegen.

h) **Bedeutung der Bonitätsprüfung**

Die GmbH erhält von der Bank sofort bei Einreichung der Lastschriften eine E.v.-Gutschrift über den Gesamtbetrag und könnte über diese Summe bereits verfügen. Da sowohl die Zahlstellen als Bank der Zahlungspflichtigen die Möglichkeit haben, Lastschriften zurückzugeben (z.B. Rückgabe mangels Kontodeckung) als auch die Mitglieder des Fitnessstudios selbst (Rückgabe wegen Widerspruch), trägt die 1. Inkassostelle das Risiko von Rücklastschriften. Weist das Konto im Zeitpunkt der Rückbelastung keine Deckung mehr auf, liegt eine entsprechende Kreditgewährung vor.

Fortsetzung auf der nächsten Seite

1.01

Fortsetzung

i) **Bearbeitung von Rücklastschriften**

- Im elektronischen Datenverkehr wird die Belastungsbuchung auf dem Konto des Zahlungspflichtigen sofort – ohne Überprüfung – durchgeführt (15.05.).
- Lastschriften gelten jedoch erst als eingelöst, wenn die Belastungsbuchung nicht bis zum Ablauf des übernächsten Bankarbeitstages (17.05.) rückgängig gemacht wird (Nachdisposition).
- Bei fehlender Kontodeckung schreibt das Kreditinstitut den Betrag dem Kundenkonto wieder gut (Stornobuchung). Man spricht bei SEPA-Lastschriften dann von einem Return (vgl. nächste Seite).
- Allerdings muss die Zahlstelle den Zahlungspflichtigen unverzüglich über die Nichteinlösung der Lastschrift mangels Deckung informieren (bei Rücklastschriften, die betragsmäßig ≥ 6.000,00 EUR sind, muss die Zahlstelle die 1. Inkassostelle über die Nichteinlösung bis spätestens 14.30 Uhr an dem auf den Tag des Eingangs folgenden Geschäftstag benachrichtigen).
- Die Rückgabe der Lastschrift an die 1. Inkassostelle muss spätestens an dem auf den Tag des Eingangs bei der disponierenden Stelle folgenden Geschäftstag erfolgen (17.05.).
- Die Lastschrift wird beleglos mit einem verschlüsseltem Vorlegungsvermerk („Vorgelegt am 15.05. und nicht bezahlt“ Gartenbank AG, Konstanz 16.05...) zurückgegeben. Dabei ist der Rückgabeweg freigestellt (entweder auf dem umgekehrten Inkassoweg über die Bundesbank oder direkt an die 1. Inkassostelle).
- Die Zahlstelle kann von der 1. Inkassostelle ein Rücklastschriftentgelt von höchstens 3,00 EUR berechnen (entfällt in diesem Fall, da Zahlstelle hier gleich 1. Inkassostelle ist).

Fortsetzung auf der nächsten Seite

1.01

Fortsetzung

Hinweis:
Beim SEPA-Verfahren werden folgende Rückgabeverfahren unterschieden:

a) vor Fälligkeit der Lastschrift:

Name	Auslöser	Beispiel
Refusal	Zahlungspflichtige	Verweigerung der Abbuchung durch den Zahlungspflichtigen nach Vorab-Information (Sperrung des Kontos für Lastschrifteinzüge)
Reject	Zahlstelle	– Konto geschlossen, – mangelnde Deckung, – Kontoinhaber verstorben – ungültige IBAN des Zahlungspflichtigen
Request for Cancellation	1. Inkassostelle	Rückruf der Gläubigerbank z. B. wegen fehlerhafter Einreichung
Revocation	Zahlungsempfänger	Der Zahlungsempfänger stellt fest, dass eine Lastschrift versehentlich ausgeführt wurde.

b) nach Fälligkeit der Lastschrift:

Name	Auslöser	Beispiel
Refund	Zahlungspflichtige	Widerspruch des Zahlungspflichtigen nach Belastung
Return	Zahlstelle	– Konto geschlossen – mangelnde Deckung – Kontoinhaber verstorben – ungültige IBAN des Zahlungspflichtigen
Reversal	Zahlungsempfänger	Zahlungsempfänger stellt fest, dass eine Lastschrift versehentlich ausgeführt wurde

1.02

a) **Kontoeröffnung**

- Franziska Frers ist mit 16 Jahren noch minderjährig und somit nur beschränkt geschäftsfähig.
- Das bedeutet, dass sie für Rechtshandlungen, die nicht ausschließlich rechtliche Vorteile mit sich bringen, die Einwilligung der gesetzlichen Vertreter benötigt (eine Kontoeröffnung bringt nicht nur rechtliche Vorteile mit, sie beinhaltet auch Pflichten).
- Es wird die Einwilligung beider Elternteile benötigt (vgl. § 1629 BGB). I. d. R. liegt aber im Rahmen der gesetzlichen Vertretung eine Bevollmächtigung des einen Elternteils durch den anderen Elternteil vor. Allerdings ist die bloße Behauptung der Übertragung der Alleinvertretung durch den anderen Elternteil unzureichend. Kreditinstitute sollten sich eine schriftliche Erklärung geben lassen. Diese Bevollmächtigung ist i. d. R. auf den Formularen der Kreditinstitute vorgesehen.
- Legitimiert werden müssen demnach Franziska Frers und ihre Eltern.

b) **Rechtsgeschäfte ohne Einwilligung der gesetzlichen Vertreter**

- Willenserklärungen, die nur rechtliche Vorteile für den Minderjährigen bringen, sind auch ohne Einwilligung der gesetzlichen Vertreter wirksam (vgl. § 107 BGB). Allerdings gibt es in der Bankpraxis keine Rechtsgeschäfte, die ausschließlich rechtliche Vorteile mit sich bringen. So besteht z. B. bei der Kontoführung u.a. die Pflicht, Kontoauszüge und Rechnungsabschlüsse zu prüfen.
- (Kauf-)Verträge von Minderjährigen sind wirksam, wenn sie mit eigenen Mitteln, die ihnen zu diesem Zweck oder zur freien Verfügung überlassen worden sind (vgl. 110 BGB „Taschengeldparagraph") bewirkt werden. Die Kontoeröffnung selbst zählt nicht zu dieser Art von Verträgen und bei den Verfügungen (z. B. Überweisungen) kann das Kreditinstitut nicht jedes Mal überprüfen, ob die Voraussetzungen des § 110 BGB erfüllt sind. Außerdem haben die gesetzlichen Vertreter bei Kontoeröffnung festgelegt, welche Verfügungen über das Konto durch den Minderjährigen erlaubt sind.
- Wenn die gesetzlichen Vertreter dem Minderjährigen gestattet haben, ein Dienst- oder Arbeitsverhältnis einzugehen, dann sind sämtliche Rechtshandlungen, die mit diesem Dienst- oder Arbeitsverhältnis in Verbindung stehen, ohne Einwilligung der gesetzlichen Vertreter wirksam (vgl. § 113 BGB). Diese Regelung ist jedoch nicht auf Ausbildungsverträge anwendbar.

Auszüge aus dem BGB

§ 107 Einwilligung des gesetzlichen Vertreters
Der Minderjährige bedarf zu einer Willenserklärung, durch die er nicht lediglich einen rechtlichen Vorteil erlangt, der Einwilligung seines gesetzlichen Vertreters.

§ 110 Bewirken der Leistung mit eigenen Mitteln
Ein von dem Minderjährigen ohne Zustimmung des gesetzlichen Vertreters geschlossener Vertrag gilt als von Anfang an wirksam, wenn der Minderjährige die vertragsmäßige Leistung mit Mitteln bewirkt, die ihm zu diesem Zweck oder zu freier Verfügung von dem Vertreter oder mit dessen Zustimmung von einem Dritten überlassen worden sind.

§ 113 Dienst- oder Arbeitsverhältnis
(1) Ermächtigt der gesetzliche Vertreter den Minderjährigen, in Dienst oder in Arbeit zu treten, so ist der Minderjährige für solche Rechtsgeschäfte unbeschränkt geschäftsfähig, welche die Eingehung oder Aufhebung eines Dienst- oder Arbeitsverhältnisses der gestatteten Art oder die Erfüllung der sich aus einem solchen Verhältnis ergebenden Verpflichtungen betreffen. Ausgenommen sind Verträge, zu denen der Vertreter der Genehmigung des Familiengerichts bedarf.

1.02

Fortsetzung

c) **Rechte der gesetzlichen Vertreter**

- Die gesetzlichen Vertreter können aufgrund ihrer Vertretungsmacht grundsätzlich Auskunft über das Konto verlangen und sogar über das Konto verfügen. Daran können weder Franziska Frers noch Sie als Bankmitarbeiter etwas ändern.

d) **Generalermächtigungen der Eltern**

- Bei der Kontoeröffnung muss geklärt werden, in welcher Art und in welchem Umfang die Minderjährige über das Konto verfügen soll / darf.
- Generalermächtigungen, wie in der Aufgabenstellung beschrieben, sind nicht zulässig. Die Bankgeschäfte müssen genau konkretisiert werden.
- Unproblematisch ist eine allgemeine Einwilligung zur Vornahme bestimmter Kontoverfügungen (z. B. Barauszahlungen, Überweisungen) und Nutzung von Kontoauszugsdruckern und hauseigenen Geldautomaten (wenn sichergestellt wird, dass Kontoüberziehungen nicht möglich sind).

ea) **Debitkarte für Minderjährige**

- Eine Debitkarte bietet i. d. R. den gleichen Leistungsumfang wie die ehemalige ec-Karte, d. h. es sind Verfügungen mit Eingabe der PIN aber auch Verfügungen ohne PIN im ELV-Verfahren möglich. Beim Letzteren wird eine Einzugsermächtigung zur Abbuchung des entsprechenden Betrages erteilt, ohne dass eine Prüfung auf Kontodeckung erfolgt.
- Bei diesen Verfügungen im ELV-Verfahren könnte es also zu Kontoüberziehungen oder Lastschriftrückgaben kommen.
- Technisch ist es möglich, die ELV-Funktion auf den Debitkarten zu deaktivieren.
- Wenn also technisch sichergestellt werden kann, dass es nicht zu Kontoüberziehungen (bzw. Lastschriftrückgaben) kommen kann, ist die Ausgabe einer Debit-Karte unproblematisch. Diese Karten werden in der Praxis häufig als ServiceCard / Servicekarte bezeichnet. Mit diesen Karten sind Verfügungen (nur) an institutseigenen Geldautomaten möglich und im electronic-cash-Verfahren (hier kann durch die Online-Autorisierung sichergestellt werden, dass es zu keiner Kontoüberziehung kommt).

eb) **Alternativen**

Als Alternativen können entweder Reiseschecks oder in Absprache mit den Eltern eine Zweitkarte zu deren Kreditkarte oder eine Prepaid-(Kredit-)Karte für den Jugendlichen selbst angeboten werden.

Bei der Prepaid-(Kredit)Karte handelt es sich um eine aufladbare Karte, die weltweit einsetzbar ist, auch Internetzahlungen sind möglich. Die Aufladung erfolgt recht einfach per Überweisung. Die Ausgestaltung der einzelnen Prepaid Karten (Visa, Mastercard u. a.) ist recht unterschiedlich. So ist für die Ausstellung von Prepaid-(Kredit-)Karten für Minderjährige z. B. oftmals die Angabe eines Abrechnungskontos eines Erziehungsberechtigten erforderlich oder der maximale Wert der Aufladung beträgt 500,00 EUR. Andere Einschränkungen sind den Beschreibungen der jeweiligen Prepaid-Karten zu entnehmen.

Fortsetzung auf der nächsten Seite

1.02

Fortsetzung

f) **Kontovollmacht**

- Die Vollmachterteilung stellt ein Rechtsgeschäft dar, welches nicht nur rechtliche Vorteile mit sich bringt. Aus diesem Grund bedarf die Vollmachterteilung wegen der beschränkten Geschäftsfähigkeit von Franziska der Zustimmung ihrer Eltern.
- Ein Kontobevollmächtigter hat im Rahmen des Kontoguthabens die gleichen Verfügungsrechte wie der Kontoinhaber, insbesondere kann der Bevollmächtigte über das jeweilige Guthaben verfügen und Kontoauszüge und Mitteilungen entgegennehmen und anerkennen.
- Eine Kontovollmacht berechtigt i. d. R. nicht zur Beantragung von Debit- oder Kreditkarten, zur Kontoauflösung oder zur Erteilung von Untervollmachten.
- Eine Kontovollmacht kann vom Kontoinhaber jederzeit widerrufen werden.

g) **Geduldete Überziehung**

- Der Vertrag ist rückabzuwickeln.
- Wenn die Kundin sich weigert, den Saldo auszugleichen, muss die Bank den finanziellen Schaden tragen, da sie bei Missachtung des im BGB verankerten Minderjährigenschutzes zu der beschrieben Situation selbst beigetragen hat.
- Die Bank kann sich auch nicht darauf berufen, nicht gewusst zu haben, dass die Kundin noch nicht volljährig ist, da sie im Rahmen der Kontoeröffnung verpflichtet ist, eine Legitimationsprüfung durchzuführen. Dabei wird insbesondere auch das Alter überprüft und dokumentiert, um u. a. Haftungsfragen klären zu können.

1.03

a) **Kontoeröffnung für eine GmbH in Gründung**

- Erst mit Eintragung der GmbH ins Handelsregister (Abteilung B) wird die GmbH rechtsfähig.
- Da die Eintragung noch nicht erfolgt ist, kann das Konto für die GmbH noch nicht eröffnet werden. Allerdings besteht die Möglichkeit, das Konto als z. B. „HMB Zoobedarf GmbH in Gründung" zu eröffnen. Notwendig ist der Zusatz „in Gründung" (auch i. Gr. oder i. G.) Es handelt sich um eine Vorgründungsgesellschaft, bei der die Gesellschafter im Verhältnis zur Bank persönlich und gesamtschuldnerisch haften (vgl. Vordruck „Haftungserklärung für eine GmbH in Gründung", Seite 20 hier im Lösungsteil).

b) **Kontobezeichnung und Kontovollmacht**

Die Kontobezeichnung muss identisch mit dem Firmennamen laut Handelsregisterauszug sein, da laut Abgabenordnung (§ 154 AO) kein Konto auf einen falschen oder erdichteten Namen eröffnet werden darf. Die Kontobezeichnung muss demnach „Zoobedarf – HMB – GmbH" lauten.

Da Herr Hocke laut Handelsregisterauszug allein vertretungsberechtigt ist, kann er Frau Marschall eine Kontovollmacht auf dem Geschäftskonto einräumen. Kontovollmachten können – vom Kontoinhaber bzw. vertretungsberechtigten Personen – losgelöst von sonstigen Befugnissen (Prokura, Geschäftsführer) jedem (mindestens beschränkt Geschäftsfähigen) eingeräumt werden.

c)

ca) **Umfang der Handlungsvollmacht**

Da Frau Eschenburg keine besondere Handlungsvollmacht nach § 54 Abs. 2 HGB erteilt wurde, erstreckt sich ihre Vollmacht bei der Bank auf eine gewöhnliche Kontovollmacht, bei der sie:

- über Guthaben und eingeräumte Kredite verfügen
- Auskünfte über das Konto verlangen und
- Abrechnungen, Kontoauszüge und andere Mitteilungen entgegennehmen kann.

cb) **Unterscheidung Handlungsvollmacht und Prokura in der Bankenpraxis**

- Herr Sunder als Prokurist darf alle gerichtlichen und außergerichtlichen Geschäfte und Rechtshandlungen tätigen, die der Betrieb (irgend)eines Handelsgewerbes mit sich bringt.
- Die Handlungsvollmacht hingegen erstreckt sich nur auf alle Geschäfte und Rechtshandlungen, die der Betrieb eines derartigen Handelsgeschäftes gewöhnlich mit sich bringt (vgl. dazu §§ 49ff HGB).
- Beiden Vollmachten ist gemein, dass zur Veräußerung und Belastung von Grundstücken eine Sonderbefugnis vonnöten ist. Darüber hinaus benötigt der Handlungsbevollmächtigte auch eine besondere Befugnis zur Eingehung von Wechselverbindlichkeiten, zur Aufnahme von Darlehen und zur Prozessführung.
- Herr Sunder darf demzufolge als Prokurist z. B. Kredite im Namen der GmbH aufnehmen, dieses Recht steht Frau Eschenburg ohne Sondervollmacht nicht zu.

Fortsetzung auf der nächsten Seite

Fortsetzung

§ 49 Umfang der Prokura

(1) Die Prokura ermächtigt zu allen Arten von gerichtlichen und außergerichtlichen Geschäften und Rechtshandlungen, die der Betrieb eines Handelsgewerbes mit sich bringt.

(2) Zur Veräußerung und Belastung von Grundstücken ist der Prokurist nur ermächtigt, wenn ihm diese Befugnis besonders erteilt ist.

[...]

§ 54 Handlungsvollmacht

(1) Ist jemand ohne Erteilung der Prokura zum Betrieb eines Handelsgewerbes oder zur Vornahme einer bestimmten zu einem Handelsgewerbe gehörigen Art von Geschäften oder zur Vornahme einzelner zu einem Handelsgewerbe gehöriger Geschäfte ermächtigt, so erstreckt sich die Vollmacht (Handlungsvollmacht) auf alle Geschäfte und Rechtshandlungen, die der Betrieb eines derartigen Handelsgewerbes oder die Vornahme derartiger Geschäfte gewöhnlich mit sich bringt.

(2) Zur Veräußerung oder Belastung von Grundstücken, zur Eingehung von Wechselverbindlichkeiten, zur Aufnahme von Darlehen und zur Prozessführung ist der Handlungsbevollmächtigte nur ermächtigt, wenn ihm eine solche Befugnis besonders erteilt ist.

(3) Sonstige Beschränkungen der Handlungsvollmacht braucht ein Dritter nur dann gegen sich gelten zu lassen, wenn er sie kannte oder kennen musste.

HGB – Auszüge

d) **Entzug der Prokura**

- Die Prokura erlischt durch Widerruf am 25. Oktober. Der Entzug der Prokura wurde dem Prokuristen persönlich durch den Geschäftsführer mitgeteilt.
- Die Löschung der Prokura im Handelsregister hat aber nur rechtsbekundenden Charakter.
- Dritte können sich bis zur Löschung der Eintragung auf das Handelsregister berufen, allerdings nur, wenn ihnen der neue Sachverhalt nicht bekannt war.
- In diesem Fall wusste die Bank von dem Erlöschen und hätte nicht auszahlen dürfen, auch wenn die Eintragung im Handelsregister noch nicht gelöscht war.
- Die Bank kann sich auch nicht auf ihre Allgemeinen Geschäftsbedingungen berufen, eben weil ihr die Umstände bekannt waren.
- Die Bank wird Schadenersatz leisten müssen und wird dann eine Forderung gegen Herrn Sunder haben.

e) **Bankauskünfte**

- Eine Bankauskunft über einen Firmenkunden wird erteilt, wenn
  - → sich die Anfrage auf die geschäftliche Tätigkeit bezieht und
  - → keine gegenteilige Kundenweisung vorliegt.
- Außerdem muss der Anfragende ein berechtigtes Interesse haben.
- Es muss geklärt werden, ob die „Aquaterra KG" Kundin der Gartenbank AG ist, da Auskünfte nur an eigene Kunden und an Kreditinstitute gegeben werden.
- Die Auskunft wird knapp, maßvoll und vorsichtig formuliert. Dabei werden allgemeine Feststellungen und Bemerkungen über die wirtschaftlichen Verhältnisse, die Kreditwürdigkeit und Zahlungsfähigkeit abgegeben.
- Es werden keine Betragsangaben über Konto- oder Depotguthaben und Kredite gemacht.

1.03

Fortsetzung

e)

Bank-an-Bank-Auskunft **Handelsbank AG**

Hinweis:
Darf nicht als Fotokopie an Kunden weitergegeben werden!

über Zoohandel – HMB – GmbH	wegen Lieferantenverbindlichkeit über 27.000,00 €

Merkurbank AG
Postfach 11 22 19

73035 Göppingen

Ihre Anfrage vom: 26. Juni ...	Ihre Zeichen / Konto Nr. RO /Md
Ort, Datum Rosenheim, 1. Juli ...	
Diktatzeichen Br/14k	Telefon 0821- 200000

Die nachstehende Auskunft erhalten Sie auf der Grundlage der „Grundsätze für die Durchführung des Bankauskunftsverfahren zwischen Kreditinstituten". Wir haften dafür nur bei grobem Verschulden. Das gilt auch für Dritte, deren Auskünfte wir an Sie weitergeben. Veränderungen, die in der letzten Zeit vor der Auskunftserteilung eingetreten sind, könnten nicht berücksichtigt sein. Über Veränderungen, die uns nach Erteilung der Auskunft bekannt werden, kann nur aufgrund neuer Anfrage berichtet werden, selbst wenn uns später Tatsachen bekannt werden sollten, die eine andere Beurteilung zur Folge haben würden.

Inhalt der Auskunft sind nur die gekennzeichneten Antwortsätze. Die übrigen Antwortsätze bitten wir als nicht vorhanden zu betrachten.

I. Geschäftsverbindung / Kontoführung

1. __ Zu uns besteht seit _________Geschäftsverbindung.
2. __ Das Konto wird auf Guthabenbasis geführt.
3. __ Wir haben einen Blanko – gedeckten – Kredit gewährt, der voll – nur selten - teilweise in Anspruch genommen wird[1].

[1] *Nichtzutreffendes bitte streichen.*

4. __ Es werden vorübergehend Überziehungen beansprucht.
5. __ Wir hatten bisher keine Veranlassung, näheren Einblick in die finanziellen Verhältnisse zu nehmen.
6. __ Das Konto ist unbedeutend und lässt keine Schlüsse auf die finanziellen Verhältnisse und die Bonität des Kontoinhabers zu.
7. __ Es werden _________________Umsätze getätigt.
8. __ Unseres Wissens wird noch ein Konto geführt bei:

9. __ Zu uns besteht keine Geschäftsverbindung. Wir bedauern daher, die Auskunft nicht erteilen zu können.

II. Kreditfähigkeit

10. __ Der Angefragte gilt als fleißig und vertrauenswürdig.
11. __ Er erfreut sich eines guten geschäftlichen Rufs.
12. __ Der Betrieb wird umsichtig geleitet.
13. __ Die Gesamtverhältnisse des Unternehmens machen einen geordneten Eindruck.

14. __ Beschäftigt werden etwa _______ Mitarbeiter.
15. __ Der Angefragte ist u. W. an folgenden Unternehmen beteiligt:

III. Grundbesitz

16. __ U. W. ist ___________________ Grundbesitz vorhanden.
17. __ Der Grundbesitz ist u. W. _____________belastet.
18. __ Die derzeitigen Belastungen lassen sich nur durch Einsichtnahme in das Grundbuch feststellen.

IV. Kreditbeurteilung

19. __ Für den angefragten Betrag ist die Firma zur Zeit gut.
20. __ Der angefragte Betrag dürfte im Rahmen des Geschäftsumfangs liegen.
21. __ Eingegangene Verpflichtungen – auch in der angefragten Höhe – sind nach unseren Beobachtungen bisher pünktlich reguliert worden.
22. __ Wir glauben, dass nur erfüllbare Verpflichtungen eingegangen werden.
23. __ Die finanziellen Verhältnisse erscheinen angespannt. Dies wirkt sich auf die Zahlungsweise aus.
24. __ Die Kontoführung gab Anlass zu erheblichen Beanstandungen.
25. __ Wir raten zur Vorsicht.

Wir kennzeichneten die Ziffern: ____

Wir weisen darauf hin, dass Sie die erhaltene Auskunft vertraulich behandeln müssen und nur für den angegebenen Zweck verwenden dürfen.

1.03

Fortsetzung

f) **Lieferantenkredit**

Die Ersparnis bei Skontoausnutzung beträgt 810,00 EUR.
Rechnung: 3 % Skonto von 27.000,00 EUR (Rechnungsbetrag) = 810,00 EUR

Durch die Bezahlung des um den Skontobetrag verminderten Rechnungsbetrages beträgt die Inanspruchnahme des Kontokorrentkredites 26.190,00 EUR. Darauf werden Sollzinsen für 25 Tage berechnet, da Herr Hocke am letztmöglichen Tag des Skontoausnutzungsfrist zahlt (Zahlung am 5. Tag statt am 30. Tag).

Berechnung der Sollzinsen:

$$\frac{26.190,00 \text{ EUR} \cdot 25 \text{ Tage} \cdot 11,75 \text{ \%}}{100 \text{ \%} \cdot 360 \text{ Tage}} = 213,70 \text{ EUR Sollzinsen}$$

Die Ersparnis aus der Skontoausnutzung beträgt 810,00 EUR. Die dagegen zu rechnenden Sollzinsen belaufen sich auf 213,70 EUR. Das ergibt eine Ersparnis in Höhe von:

596,30 EUR (810,00 EUR – 213,70 EUR)

1.03

Fortsetzung

Firma der GmbH in Gründung:

Interne Angaben der Gartenbank AG

Kontonummer:

Haftungserklärung für eine GmbH in Gründung

Wir haben durch den nachstehenden Vertrag eine GmbH mit der oben genannten Firma gegründet:

Notarieller Vertrag vom:	Urkunden-Nr.	beurkundet vor dem Notar
Gründungsgesellschafter (Name, Anschrift)		

Die GmbH ist noch nicht im Handelsregister eingetragen. Der Antrag auf Eintragung ist / wird gestellt. Sobald die Eintragung im Handelsregister vollzogen ist, werden wir die Bank unverzüglich unterrichten und ihr einen Handelsregisterauszug zukommen lassen.

Für alle Ansprüche, die der Bank aus der bankmäßigen Geschäftsverbindung – insbesondere aus Kreditgewährungen jeder Art – gegen diese GmbH in Gründung zustehen oder noch zustehen werden, haften wir bis zur Eintragung der GmbH in das Handelsregister gesamtschuldnerisch und unbeschränkt, d. h. die Bank kann von jedem Gesellschafter die Erfüllung sämtlicher Ansprüche verlangen.

Im Übrigen stellen wir die Bank auch für die Zeit nach der Eintragung der GmbH in das Handelsregister von allen Ansprüchen frei, die von dritter Seite gegen sie geltend gemacht werden, weil die Bank Verfügungen über Beträge zugelassen hat, die für die eingetragene GmbH bestimmt waren.

Sollte ein Gesellschafter der GmbH vor deren Eintragung aus der Gesellschaft ausscheiden, so erlischt seine Haftung als Gesamtschuldner der Bank gegenüber nicht für die Verpflichtungen, die ihr gegenüber bis zu diesem Zeitpunkt entstanden sind, in dem ihr das Ausscheiden mitgeteilt wurde oder ihr anderweitig bekannt geworden ist.

Die in dem hier ebenfalls beigefügten Unterschriftsprobenblatt genannten Personen sind bevollmächtigt, die GmbH Ihnen gegenüber zu vertreten und über das Konto der GmbH in Gründung – auch über die darauf eingezahlten Stammeinlagen – uneingeschränkt zu verfügen.

Ort, Datum	Unterschrift sämtlicher Gesellschafter

1.04

a) **Kontoeröffnung für eine Partnerschaftsgesellschaft**

- Gemäß § 7 PartGG sind die Partner einzeln zur Vertretung der Partnerschaft berechtigt, wenn in der Satzung nichts anderes bestimmt ist.
- Dr. Max Aub, Heinrich Federer und Johanna Herzog sind somit jeweils allein zur Vertretung und damit auch zur Kontoeröffnung berechtigt

§ 7 Wirksamkeit im Verhältnis zu Dritten; rechtliche Selbständigkeit; Vertretung

(1) Die Partnerschaft wird im Verhältnis zu Dritten mit ihrer Eintragung in das Partnerschaftsregister wirksam.

(2) § 124 des Handelsgesetzbuchs ist entsprechend anzuwenden.

(3) Auf die Vertretung der Partnerschaft sind die Vorschriften des § 125 Abs. 1 und 2 sowie der §§ 126 und 127 des Handelsgesetzbuchs entsprechend anzuwenden.

§ 8 Haftung für Verbindlichkeiten der Partnerschaft

(1) Für Verbindlichkeiten der Partnerschaft haften den Gläubigern neben dem Vermögen der Partnerschaft die Partner als Gesamtschuldner. Die §§ 129 und 130 des Handelsgesetzbuchs sind entsprechend anzuwenden.

(2) Waren nur einzelne Partner mit der Bearbeitung eines Auftrags befaßt, so haften nur sie gemäß Absatz 1 für berufliche Fehler neben der Partnerschaft; ausgenommen sind Bearbeitungsbeiträge von untergeordneter Bedeutung.

(3) Durch Gesetz kann für einzelne Berufe eine Beschränkung der Haftung für Ansprüche aus Schäden wegen fehlerhafter Berufsausübung auf einen bestimmten Höchstbetrag zugelassen werden, wenn zugleich eine Pflicht zum Abschluß einer Berufshaftpflichtversicherung der Partner oder der Partnerschaft begründet wird.

Partnerschaftsgesellschaftsgesetz (PartGG) – Auszug

Fortsetzung auf der nächsten Seite

1.04

Fortsetzung

b)

ba) **Verpflichtung zur Eröffnung von Anderkonten**

- Das Berufsrecht verpflichtet Rechtsanwälte ihr eigenes Vermögen getrennt von dem Vermögen ihrer Mandanten zu verwahren.

bb) **Vorschriften des Geldwäschegesetzes bei der Eröffnung der Anderkonten**

- Nach § 3 des Geldwäschegesetzes sind Kreditinstitute in bestimmten Fällen verpflichtet, allgemeine Sorgfaltspflichten zu erfüllen.
- Dazu gehören u. a. bei der Kontoeröffnung die Identifizierung des Vertragspartners und die Abklärung, ob der Vertragspartner für einen wirtschaftlich Berechtigten handelt, und, soweit dies der Fall ist, dessen Identifizierung.
- Dazu müssen mindestens der Name des wirtschaftlich Berechtigten und ggf. weitere Identifikationsmerkmale festgehalten werden (vgl. dazu auch § 4 des Geldwäschegesetzes).

c) **Vollmacht auf Anderkonten**

- Nach den „Bedingungen für Anderkonten und Anderdepots Rechtsanwälte" darf der Kontoinhaber eine Kontovollmacht nur einem anderen Notar, einem Notarassessor, einem Patentanwalt, einem Wirtschaftsprüfer, vereidigten Buchprüfern, Steuerberatern oder Steuerbevollmächtigten erteilen (Nr. 7 Sparkasse).
- Ist der Rechtsanwalt auch Notar (Anwaltsnotar, Notaranwalt), so führt das Kreditinstitut seine Anderkonten als Rechtsanwalts-Anderkonten, sofern er nicht beantragt hat, ein Anderkonto als Notar- oder als Patentanwalts-Anderkonto zu führen (dann würden sowohl andere Sonderbedingungen der Kreditinstitute als auch andere gesetzliche Vorschriften gelten) (vgl. Nr. 3 der Bedingungen – Sparkasse).
- Frau Herzog kann demzufolge Vollmacht für das Konto erteilt bekommen, da sie als Rechtsanwältin zum genannten Personenkreis gehört, der eine Vollmacht auf Anderkonten erhalten kann.
- Frau Fiedler kann gemäß Ziffer 7 der Sonderbedingungen für Anderkonten – Rechtsanwälte keine Vollmacht erhalten, da sie als Rechtsanwalts- und Notargehilfin nicht zum genannten Personenkreis gehört.

d) **Haftungsfragen**

- Gemäß § 8 PartGG haften für Verbindlichkeiten der Partnerschaft das Vermögen der Partnerschaft und die Partner als Gesamtschuldner mit ihrem Privatvermögen.
- Das Girokonto Dr. Aub und Partner haftet als Vermögen der Partnerschaft mit 3.420,48 EUR.
- Auf den RA-Anderkonten ist kein Vermögen der Partnerschaft verwahrt und demnach haften diese Konten nicht für die Verbindlichkeiten der Partnerschaft.

Fortsetzung auf der nächsten Seite

1.04

Fortsetzung

e)

ea) – Wenn das Betreuungsgericht eine Betreuung anordnet, bleibt die Geschäftsfähigkeit des Betreuten grundsätzlich erhalten, das heißt, die Willenserklärungen von Frau Braun sind weiterhin uneingeschränkt wirksam.

– Bei Rechtsgeschäften, für die das Betreuungsgericht einen Einwilligungsvorbehalt ausspricht, verliert der Betreute allerdings die volle Geschäftsfähigkeit. Seine Willenserklärungen richten sich dann nach den Vorschriften für beschränkt geschäftsfähige Personen. Bei Frau Braun ist vom Betreuungsgericht ein Einwilligungsvorbehalt für die Aufnahme von Krediten ausgesprochen worden (siehe Rückseite des Betreuerausweises).

– Da es sich bei einer Kreditaufnahme um ein genehmigungspflichtiges Rechtsgeschäft im Sinne des § 1822 BGB handelt, kann auch Frau Herzog als Betreuerin nicht selbstständig einen Kredit für Frau Braun aufnehmen. Für ein solches Rechtsgeschäft wäre die Genehmigung des Betreuungsgerichts erforderlich.

eb) – Die Verfügung über Guthaben auf einem Girokonto gehört gem. § 1813 BGB zu den genehmigungsfreien Geschäften.

– Die Höhe der Abhebung und die Höhe des Guthabens haben keinen Einfluss auf die Verfügungsmöglichkeit durch den Betreuer.

– Die Regelung bzgl. der Girokonten soll den täglichen Zahlungsverkehr von Betreuern (auch Online-Banking) erleichtern und das Gericht entlasten.

– Frau Herzog kann also selbstständig und auch ohne Genehmigung des Betreuungsgerichts über das Guthaben auf dem Girokonto verfügen.

1.05

a) **Erste Arbeitsschritte beim Tod eines Kunden**

- Überprüfung der Richtigkeit der Anzeige
- Konto / Konten als Nachlasskonto kennzeichnen
- ggf. Meldung an das Finanzamt
- (EC-)Karten und Schecks zurückfordern
- Freistellungsauftrag löschen / ändern

b) **Voraussetzungen für die Meldung von Vermögenswerten an das Finanzamt**

Die Meldung an das Finanzamt nach § 33 ErbStG; § 1 ErStDV muss erfolgen, wenn der Gesamtwert der Guthaben (inkl. Zinsen und / oder Stückzinsen) 5.000,00 EUR übersteigt. Das Vorhandensein von Schließfächern und / oder Verwahrstücken führt immer zu einer Meldung.

Auszug aus der Erbschaftssteuer-Durchführungsverordnung::

§ 1 Anzeigepflicht der Vermögensverwahrer und der Vermögensverwalter

(1) Wer zur Anzeige über die Verwahrung oder Verwaltung von Vermögen eines Erblassers verpflichtet ist, hat die Anzeige nach § 33 Abs. 1 des Gesetzes mit einem Vordruck nach Muster 1 zu erstatten. Wird die Anzeige in einem maschinellen Verfahren erstellt, kann auf eine Unterschrift verzichtet werden. Die Anzeigepflicht bezieht sich auch auf die für das Jahr des Todes bis zum Todestag errechneten Zinsen für Guthaben, Forderungen und Wertpapiere (Stückzinsen). Die Anzeige ist bei dem für die Verwaltung der Erbschaftsteuer zuständigen Finanzamt (§ 35 des Gesetzes) einzureichen.

(2) Die Anzeigepflicht besteht auch dann, wenn an dem in Verwahrung oder Verwaltung befindlichen Wirtschaftsgut außer dem Erblasser auch noch andere Personen beteiligt sind.

(3) Befinden sich am Todestag des Erblassers bei dem Anzeigepflichtigen Wirtschaftsgüter in Gewahrsam, die vom Erblasser verschlossen oder unter Mitverschluß gehalten wurden (z. B. in Schließfächern), genügt die Mitteilung über das Bestehen eines derartigen Gewahrsams und, soweit er dem Anzeigepflichtigen bekannt ist, die Mitteilung des Versicherungswerts.

(4) Die Anzeige darf nur unterbleiben,

1. wenn es sich um Wirtschaftsgüter handelt, über die der Erblasser nur die Verfügungsmacht hatte, insbesondere als gesetzlicher Vertreter, Betreuer, Liquidator, Verwalter oder Testamentsvollstrecker, oder
2. wenn der Wert der anzuzeigenden Wirtschaftsgüter 5 000 Euro nicht übersteigt.

Fortsetzung auf der nächsten Seite

1.05

Fortsetzung

c) **Meldung an das zuständige Finanzamt**
Wertpapiere werden zum Kurswert des Todestages bewertet, Guthaben zu Beginn des Todestages, also zu dem Tagesendsaldo des Vortodestages. Demzufolge ergeben sich folgende zu meldende Beträge:

Auszug aus der Anzeige über die Verwahrung und Verwaltung fremden Vermögens:

2. Guthaben und andere Forderungen

Kontonummer	Nennbetrag der Forderung (volle Euro)	Zinsen (volle Euro)
4788 Privatgiro Dirk Hocke	1.477	
2604 Sparkonto Dirk Hocke	5.600	2
8870 Sparkonto Dirk Hocke	1.000	1

3. Wertpapiere

Bezeichnung der Wertpapiere	Nennbetrag / Stück	Kurswert (volle Euro)	Stückzinsen (volle Euro)
4789998		3.810,00	

Summe: 11.890,00 EUR

- Die Zinsen werden für 26 Tage berechnet (Todestag ist der 27. Januar).
- Eine Verrechnung mit dem Darlehenskonto bzw. den überzogenen Girokonten erfolgt nicht.
- Das Mietkautionskonto (offenes Treuhandkonto) kann nachrichtlich gemeldet werden, da der Erblasser die Verfügungsmacht über das Kautionskonto hat; allerdings greift hier Absatz 4, Satz 1. Die Kaution ist nicht erbschaftsteuerpflichtig.

Fortsetzung auf der nächsten Seite

1.05

Fortsetzung

d) **Meldedatum**

Das Kreditinstitut erlangte zuverlässig Kenntnis vom Tod am 05.02.20.. Die Meldung muss innerhalb eines Monats nach Bekanntwerden des Todes erfolgen. Demzufolge hat die Meldung spätestens am 05. März 20.. zu erfolgen.

e) **Verfügungen auf dem Nachlasskonto**

ea) Lastschrift aus dem electronic-cash Verfahren (mit PIN): Diese Lastschrift wird eingelöst, da das Bezahlverfahren electronic cash (mit PIN) dem kartenakzeptierenden Händler eine Zahlungsgarantie bietet.

eb) Verfügung am Geldautomat vom Konto 4788, getätigt am 28.01.20..

Bei dieser Verfügung muss geprüft werden, ob es sich um eine missbräuchliche Verfügung handelt, und inwieweit hierbei ein vorheriges Verschulden des Verstorbenen vorliegt, da der Kunde am 27.01. verstorben ist, die Verfügung jedoch am 28.01. erfolgte (die Ehefrau besitzt keine girocard für dieses Konto).

f) **Verfügungsberechtigungen über Nachlasskonten**

Durch den Widerruf der Vollmacht darf Frau Frauke Überall nicht mehr alleine über das Konto verfügen. Sie kann nur noch gemeinsam mit dem widerrufenden Erben (hier: Frau Hocke) verfügen. Eine zweite Möglichkeit besteht darin, dass alle drei Erben gemeinschaftlich über das Konto verfügen.

Formulartext:

Widerruft nur ein Miterbe die Kontovollmacht für sich, sind Verfügungen danach ihm gegenüber unwirksam. Indessen bleibt die Berechtigung des Bevollmächtigten zur Vertretung der übrigen Miterben erhalten. Der Bevollmächtigte bedürfte dann für Verfügungen über das Nachlasskonto der Zustimmung des die Vollmacht widerrufenden Miterben. Wird diese erteilt, haben die anderen Miterben die Verfügung gegen sich gelten zu lassen.

g) **Auszahlung aus der Erbmasse**

Nils Störmer hat als Vermächtnisnehmer nur einen Zahlungsanspruch an die Erben, nicht an das Kreditinstitut. Herr Störmer kann sich demnach nur an die Erben wenden und von diesen die Zahlung verlangen.

1.06

a) **Auslandsüberweisung**

- Bei Überweisungen in Fremdwährung kann die SEPA-Überweisung nicht genutzt werden. Die Auftragserteilung erfolgt durch den „Zahlungsauftrag im Außenwirtschaftsverkehr".
- Der Auftrag des Kunden muss einen Hinweis über die Kostenverteilung haben. Möglich ist z. B., dass jeder die Gebühren seines Kreditinstitutes trägt (SHARE) oder dass der Auftraggeber alle Entgelte bezahlt (OUR); vgl. dazu auch die Bestimmungen im Preis- und Leistungsverzeichnis.
- Die Ausführungsfrist bei Überweisungen in anderen EWR-Währungen (z. B. Britische Pfund) beträgt sowohl bei beleglosen als auch bei beleghaften Überweisungsaufträgen maximal 4 Tage.
- In Deutschland ist die Leistung in und der Empfang von Zahlungen aus dem Ausland uneingeschränkt möglich. Es bestehen jedoch Meldevorschriften. Bei Zahlungen von mehr als 12.500,00 EUR (oder entsprechender Gegenwert in Fremdwährung) müssen diese Zahlungsinformationen an die Deutsche Bundesbank elektronisch übermittelt werden. Seit dem 01.09.2013 ist nur noch die elektronische Meldung möglich.

b)

ba) **Vertragliche Bedingungen für die Nutzung der Debit-Karte**

- AGB mit Hinweis auf die Sonderbedingungen für Debit-Karten

bb) **Nutzungsmöglichkeiten der Girocard (Debit-Karte)**

- Nutzungsmöglichkeiten sind in den Sonderbedingungen für Debitkarten (z. B. SparkassenCard oder BankCard) unter A. I. 1. – 3. aufgeführt
- Als Geldkarte, zur Abhebung von Bargeld, zur bargeldlosen Zahlung an automatisierten Kassen und zur Aufladung der Geldkarte an Ladeterminals
- Zum Aufladen eines Prepaid-Mobilfunk-Kontos an einem Geldautomaten.
- Außerdem zur Identifizierung an Kontoauszugsdruckern (KAD) oder Service-Terminals

bc) **Haftungsregelung**

- Bei Verlust oder Diebstahl haftet der Konto- bzw. Karteninhaber bis zur Sperranzeige mit maximal 150,00 EUR, wenn grobe Fahrlässigkeit (z. B. PIN wurde auf die Karte geschrieben) ausgeschlossen werden kann.
- Allerdings verzichten viele Kreditinstitute ganz auf eine Schadensbeteiligung des Kunden (vgl. dazu z. B. „Bedingungen für die SparkassenCard" – hier nicht abgedruckt).
- Die oben genannte Haftungsregelung betrifft nur Verbraucher (ist der Kontoinhaber kein Verbraucher haftet er auch bei Fahrlässigkeit unbeschränkt).
- Bei grober Fahrlässigkeit oder Vorsatz trägt der Konto- bzw. Karteninhaber den vollen Schaden.
- Nach der Sperranzeige haftet der Konto- bzw. Karteninhaber nicht mehr für Schäden, es sei denn, er hat in betrügerischer Absicht gehandelt.

Fortsetzung auf der nächsten Seite

1.06

Fortsetzung

c) **Funktionsweise und Vorteile des Bundesbank-Schecks**

- Die Bank zieht einen Scheck auf ihr eigenes, bei der Bundesbank geführtes Konto und lässt diesen Scheck von der Bundesbank als Aussteller bestätigen.
- Die Kunden müssen den Scheckbetrag bereitstellen und erhalten den Scheck von der Bank ausgehändigt.
- Die Bestätigung der Bundesbank bedeutet eine Garantie gegenüber dem Schecknehmer, den Scheckbetrag bei Vorlage innerhalb von 8 Tagen zu zahlen (bar oder im Wege der Gutschrift).
- Ein gewöhnlicher Scheck bietet dem Schecknehmer nicht die Sicherheit der Einlösung, da Kreditinstitute Schecks nicht bestätigen dürfen (Art. 4 SchG "Der Scheck darf nicht angenommen werden").
- Nach Ablauf der Frist von 8 Tagen erlischt die Garantie der Bundesbank und der Scheck wird wie ein gewöhnlicher Scheck behandelt.
- Die Kunden müssen die Bestätigungskosten der Bundesbank und die Provision der eigenen Bank tragen. Diese sind dem Preis- und Leistungsverzeichnis zu entnehmen (zw. 15,00 – 60,00 EUR).
- 15 Tage nach Scheckausstellung schreibt die Bundesbank dem Aussteller den Scheckbetrag wieder gut, sofern der Scheck bis dahin noch nicht vorgelegt worden ist.

Beispiel für eine Bestätigung auf der Rückseite eines Bundesbank Schecks:

Wir verpflichten uns, diesen Scheck über
EURO zehntausend

bis zum 14. Februar 20xx
während der Geschäftsstunden bar
einzulösen.
Wird der Scheck bei einer anderen Stelle
der Deutschen Bundesbank vorgelegt, wird
er innerhalb der Bestätigungsfrist und mit
besonderem Vordruck der Bank nur zur
sofortigen Gutschrift auf dem Girokonto
hereingenommen.
Kassel, 06. Februar 20xx
DEUTSCHE BUNDESBANK
Filiale Kassel

Fortsetzung auf der nächsten Seite

1.06

Fortsetzung

d) **Falschgeld**

- Der Kassierer behält die Banknote ein und stellt den Kunden eine Quittung über den Betrag aus.
- Gemäß § 36 BBankG werden als Falschgeld verdächtigte Banknoten der Bundesbank zur Prüfung vorgelegt, wird dort die Unechtheit festgestellt, wird das Falschgeld mit einem Gutachten der Polizei übersandt und die Bank benachrichtigt, die Banknote wird ersatzlos eingezogen und die Kunden erhalten keine Gutschrift.

§

§ 36 Anhalten von Falschgeld sowie unbefugt ausgegebenen Geldzeichen und Schuldverschreibungen

(1) Die Deutsche Bundesbank, Kreditinstitute und Finanzdienstleistungsinstitute im Sinne von § 1 Abs. 1a Satz 2 Nr. 7 des Kreditwesengesetzes und ihre Mitarbeiter haben nachgemachte oder verfälschte Banknoten oder Münzen (Falschgeld), als Falschgeld verdächtige Banknoten und Münzen sowie unbefugt ausgegebene Gegenstände der in § 35 genannten Art unverzüglich anzuhalten. Dem Betroffenen ist eine Empfangsbescheinigung zu erteilen.

(2) Falschgeld und Gegenstände der in § 35 genannten Art sind unverzüglich mit einem Bericht der Polizei zu übersenden. Kreditinstitute und Finanzdienstleistungsinstitute im Sinne von § 1 Abs. 1a Satz 2 Nr. 7 des Kreditwesengesetzes haben der Deutschen Bundesbank hiervon Mitteilung zu machen.

(3) Als Falschgeld verdächtige Banknoten und Münzen sind unverzüglich der Deutschen Bundesbank zur Prüfung vorzulegen. Stellt diese die Unechtheit der Banknoten oder Münzen fest, so übersendet sie das Falschgeld mit einem Gutachten der Polizei und benachrichtigt das anhaltende Kreditinstitut und Finanzdienstleistungsinstitute im Sinne von § 1 Abs. 1a Satz 2 Nr. 7 des Kreditwesengesetzes.

Gesetz über die Deutsche Bundesbank (BBankG) – Auszug
(Fassung vom 22. Oktober 1992, zuletzt geändert 5. Februar 2009).

Hinweis:

Bei der hier vorliegenden Aufgabenstellung wird lediglich vermutet, dass es sich um Falschgeld handelt. Deshalb muss zunächst die Echtheit bzw. Fälschung festgestellt werden.

Wenn der Bankmitarbeiter zweifelsfrei feststellt, dass es sich um Falschgeld handelt, wird dem Kunden eine Empfangsbescheinigung ausgestellt, die gefälschte Geldnote mit einem Bericht der Polizei übergeben und die Deutsche Bundesbank über diesen Vorgang informiert!

Fortsetzung auf der nächsten Seite

1.06

Fortsetzung

e) **Mietkautionskonto auf den Namen des Mieters**

- eine Mietkaution ist eine Sicherheitsleistung des Mieters zur Absicherung (möglicher) Ansprüche des Vermieters aus einem Mietverhältnis.
- der Mieter legt die Mietkaution (maximal das Dreifache der monatlichen Kaltmiete) auf einem Sparbuch an. Der Mieter ist Kontoinhaber. Das Sparbuch erhält z. B. den Zusatz „wegen Mietkaution…"
- der Mieter verpfändet die Forderung aus dem Sparbuch an den Vermieter (Vertrag zwischen Mieter und Vermieter).
- die Verpfändung muss dem sparkontoführenden Kreditinstitut angezeigt werden.
- der Vermieter erhält das Sparbuch und er ist allein verfügungsberechtigt. Zum Schutze des Mieters beinhalten die Verträge Klauseln, dass Auszahlungen erst nach 4 Wochen vorgenommen werden dürfen, nachdem der Mieter über eine mögliche Inanspruchnahme der Mietkaution informiert wurde.
- die Erteilung eines Freistellungsauftrages ist möglich, da der wirtschaftlich Berechtigte auch Kontoinhaber ist.

f) **Online- / Internet - Banking**

- Online-Banking ist die PC-gestützte Abwicklung von Bankdienstleistungen.
- Der Kunde muss über entsprechende Hard- und Software verfügen (PC, Betriebssysteme, Programme etc.) und über einen Internetanschluss.
- Der Kunde muss die Sonderbedingungen für das „Online-Banking" anerkennen und sein Konto dafür freischalten lassen.
- Der Zugang erfolgt über die entsprechende Internetseite des Kreditinstituts (die zeitaufwendige Installation von institutsspezifischer Online-Software gehört zumindest im Privatkundenbereich mittlerweile der Vergangenheit an).
- Das Einloggen in den persönlichen Online-Bank-Bereich erfolgt i. d. R. durch die Eingabe der Kontonummer plus einer persönlichen Identifikationsnummer (Online-PIN), die je nach Institut unterschiedlichen Anforderungen genügen muss (mindestens 10-stellig oder eine Kombination aus Buchstaben, Zahlen und Sonderzeichen o. a.) und darüber hinaus bei manchen Instituten noch die Eingabe eines verschlüsselten Bild-Codes.

g) **Vorteile des Online-Banking**

- Mit Online-Banking können die meisten Bankgeschäfte bequem von zu Hause (aber auch vom Büro, im Internetcafé oder auf Reisen) erledigt werden.
- Die Zahlungsverkehrsabwicklung wird erheblich vereinfacht.
- Der Kunde ist unabhängig von Öffnungszeiten, der Service steht rund um die Uhr zur Verfügung.
- Der Kunde erhält schnell die gewünschten Informationen.
- Kunde spart sich den Weg zur Bank.
- Außerdem bieten die meisten Kreditinstitute günstigere Konditionen für online geführte Konten an, da das Kreditinstitut durch Online-Überweisungen Kosten spart.

Fortsetzung auf der nächsten Seite

1.06

Fortsetzung

h) **Sicherheitskriterien**

TAN-Verfahren

- Bei der Abwicklung von Transaktionen (z. B. Überweisung) muss der Nutzer eine sogenannte Transaktionsnummer eingeben (TAN). Da der Internetbetrug genau an dieser Stelle ansetzt, haben sich in den letzten Jahren viele verschiedene TAN-Verfahren entwickelt:
- iTAN – indizierte TAN: der Nutzer muss innerhalb einer sehr kurzen Zeitfrist eine genau bestimmte TAN seiner Liste für die Transaktion nutzen, z. B. iTAN-Nr. 67
- iTANplus – indizierte TAN mit CAPTCHA: vor Eingabe der iTAN wird ein Kontrollbild angezeigt, in welchem alle Transaktionsdaten noch einmal aufgeführt werden
- TAN mit BEN – TAN mit Bestätigungsnummer: die Bank quittiert die Annahme des Auftrags
- mTAN / smsTAN – Mobile TAN – Kunde erhält per sms eine TAN
- TAN-Generator: elektronisch erzeugte TAN: z. B. sm@rt-TAN: Kunde erhält einen Generator, in den die Girocard oder Maestro-Karte eingesteckt wird, dann werden auf Knopfdruck über den Chip auf der Karte mehrere TAN erzeugt, von der sich der Kunde eine aussucht
- chipTAN manuell / sm@rtTAN-Plus: Kunde erhält ein externes Gerät (Generator), das unter Verwendung z. B. der Empfängerkontonummer und des Betrages eine auftragsbezogene TAN errechnet
- chipTAN comfort (Sparkassen) / sm@rt-TAN optic (Volksbanken) arbeiten mit Lichtsignalen zwischen Generatorgerät, Sensoren und PC

HBCI

- Beim HBCI-Verfahren generiert der Nutzer eine so genannte elektronische Signatur unter Verwendung spezieller Software einer Chipkarte und eines Chipkartenlesegeräts.
- Zum Betrieb von HBCI ist eine spezielle Internet-Banking-Software nötig.
- Zum Einlesen der Chipkarte ist ein entsprechendes Lesegerät erforderlich.
- Die entsprechende Chip-Karte erhält man von seinem Kreditinstitut.
- Der große Vorteil ist, dass Sicherheitsmerkmale nicht am PC generiert werden und somit das Ausspähen von Kontoinformationen u. ä. erheblich erschwert wird.
- Die entsprechenden Datensätze werden im kryptographischen Sicherungsverfahren zum Kreditinstitut übertragen.

FinTS

- steht für „Financial Transaction Services" und beinhaltet Sicherheitsverfahren mit elektronischer Signatur
- Vereinheitlichung der Schnittstelle zwischen Bankkunden und einem oder mehreren Kreditinstituten (Stichwort: Multibankfähigkeit)
- Nutzung eines Zahlungsverkehrsprogramms (z. B. VR-Networld Software oder Starmoney10)

Fortsetzung auf der nächsten Seite

1.06

Fortsetzung

- FinTS ist die Weiterentwicklung des HBCI-Standards (mit diesen Standards können z. B. Überweisungen in verschlüsselter Form über das Internet versendet werden. Dabei sind u. a. festgelegt, wie ein Auftrag verschlüsselt wird und wie die Identitäten von Kunde und Bank nachgewiesen werden (Authentifizierung))
- FinTS bietet gegenüber den HBCI-Vorgängern zusätzliche Möglichkeiten
- HBCI / FinTS mit Chipkarte gilt als eines der sichersten Banking-Verfahren, da der Bankkunde den Sicherheitsschlüssel nur mit seinem Kennwort aktivieren kann, der Schlüssel den Speicherort nicht verlassen (also auch nicht kopiert werden) kann und bei Kartenlesegeräten der neuern Generation die PIN nicht mehr über die PC-Tastatur, sondern über die Tastatur des Kartenlesegerätes eingegeben wird

1.07

a) **Kartenzahlung versus Bargeldzahlung**

	Karte
Vorteile	– verminderter Bargeldbestand in der Kasse (geringere Diebstahlgefahr) – kein Aufwand hinsichtlich Lagerung des relativ hohen Bargeldbestands (Tresor), Einzahlung – größere Kaufbereitschaft, weil die Kunden nicht an Bargeld gebunden sind (Spontankäufe) – Vermeidung von Fehlern bei der Wechselgeldausgabe
Nachteile	– kein unmittelbarer Zahlungseingang – Sicherheit des Zahlungseingangs nur bei den Verfahren mit Einlösegarantie (electronic-cash, Kreditkarte) – Kosten für die Kartenakzeptanz (electronic cash: 0,3 % des Zahlungsbetrags, mindestens jedoch EUR 0,08 pro Transaktion; Kreditkarte: üblich sind 3 % bis 5 % plus eine fixe Pauschale (0,10–0,25 Euro) pro Transaktion – je nach Branche kann der Satz aber auch nur bei 1 % oder bis zu 10 % sein. Zusätzlich entstehen dem Verkäufer bei beiden Kartensystemen monatliche Fixkosten durch die Bereitstellung der Systeme – höherer Bearbeitungsaufwand – Probleme, die mit technischen Defekten / Störungen der Geräte zusammenhängen.

Fortsetzung auf der nächsten Seite

1.07

Fortsetzung

b) **Bezahlverfahren / Funktionen der girocard**

Hinweis:

Die meisten Kunden bezeichnen ihre „Karte" heute immer noch als „ec-Karte". Die Abkürzung ec stand ursprünglich einmal für eurocheque, ab 1991 stand ec dann für electronic cash mit der Bedeutung, bargeldlos bezahlen und Geld am Geldausgabeautomat abheben zu können. Seit 2007 heißt das System eigentlich **girocard,** allerdings ist der alte Begriff noch sehr stark verbreitet. Mit der neuen Bezeichnung wollte die deutsche Kreditwirtschaft die Akzeptanz der deutschen Debitkarten auf internationaler Ebene stärken, allerdings wird dieses Ziel sicherlich erst in einigen Jahren erreicht sein.

girocard plus PIN (ehemals Electronic Cash)

- Nutzung der girocard in Verbindung mit Eingabe einer PIN
- diese Zahlungen sind garantiert
- die meisten Karten haben ein Tages- oder auch Wochenlimit von Seiten der Bank eingestellt, das aber dynamisch angepasst werden kann.

ELV–Verfahren

- Abkürzung für elektronisches Lastschriftverfahren
- das ELV-Verfahren ist ein von Handels- und Dienstleistungsunternehmen getragenes System zur bargeldlosen Bezahlung an Kassenterminals
- das ELV-Verfahren ist ein von der Kreditwirtschaft nicht unterstütztes Verfahren
- für die akzeptierenden Unternehmen gibt es keine Zahlungsgarantie, da keine Sperrabfrage seitens der Kreditinstitute erfolgt
- für den Händler kostengünstiger als das girocard + PIN Verfahren, da hier die Transaktionskosten geringer sind

Geldkarte = elektronische Geldbörse

- ist ein Prepaid-Zahlungsmittel
- für bargeldlose Zahlungen ohne Eingabe der PIN
- die Bezahlung erfolgt mit einem vorbezahlten Guthaben, welches auf einem Chip gespeichert ist
- Geldkarte ist aufladbar an Geldautomaten, speziellen Ladeterminals (mit Bargeld oder per Überweisung), im Internet (bei Vorliegen entsprechender Voraussetzungen)
- aufladbar bis 200,00 EUR
- idealer Kleingeldersatz (Parkhaus, Automaten, Mensen etc.)
- Einsatz ausschließlich in Deutschland
- vom „Aussterben" bedroht, einzelne Institutsgruppen statten die Karten bereits nicht mehr mit der Geldkartenfunktion aus

Fortsetzung auf der nächsten Seite

1.07

Fortsetzung

girogo *(quasi der Nachfolger der Geldkarte)*

- kontaktlose Bezahlmöglichkeit der Deutschen Kreditwirtschaft.
- funktioniert auf Prepaid-Basis, d. h. bevor damit bezahlt werden kann, muss ein Geldbetrag auf den Chip der girocard geladen werden (vgl. dazu Geldkarte)
- zum Bezahlen wird die Karte vor das Kartenlesegerät gehalten

Maestro / V-PAY

- die Maestro- bzw. V-Pay-Funktion bedeuten weltweit bargeldloses Bezahlen oder Geldabheben am Geldautomaten.
- Maestro gehört zur Kartengesellschaft MasterCard
- V-Pay gehört zur Kartengesellschaft VISA

Exkurs: Sonstige Logos

Cirrus PLUS	**cirrus und plus:** – sind reine Bargeldbezugskarten, mit denen an entsprechend gekennzeichneten Geldausgabeautomaten weltweit Bargeld abgehoben werden kann. – cirrus gehört zu Mastercard – plus gehört zu Visa
€APS	**Euro Alliance of Payment Schemes** – europäische Allianz der Zahlungssysteme – Zusammenschluss verschiedener europäischer Debitkartensysteme (u. a. Italien, Spanien, Großbritannien)

c) **Rückgabe von ELV-Lastschriften**

Bei dem Bezahlverfahren mittels ELV-Lastschriften erteilt der Kunde dem Händler eine Einzugsermächtigung (SEPA-Lastschriftmandat). Es gibt es für den Händler keine Zahlungsgarantie. Er unterliegt also dem Risiko, dass Lastschriften aus diesem Verfahren zurückgegeben werden können (z. B. mangels Deckung oder wegen Widerspruch). In diesem Fall bleibt dem Händler nur die Möglichkeit, anhand der eingelesenen Kontodaten (IBAN) beim entsprechenden Kreditinstitut um die Herausgabe der Adresse zu bitten. Die Genehmigung hierfür erteilt der Zahlungspflichtige durch seine Unterschrift auf dem Zahlungsbeleg (vgl. dazu auch den hier abgedruckten Bontext). Allerdings dürfen die Kreditinstitute bei der Adressermittlung eine Gebühr in Rechnung stellen, die der Händler tragen muss.

Hinweis: ab dem 01.02.2016 muss für das ELV-Verfahren ein geänderter Text auf dem Bon abgedruckt werden:

Fortsetzung auf der nächsten Seite

1.07

Fortsetzung

Mustertext für das SEPA-Lastschriftmandat im ELV-Verfahren ab 2016:

Ich ermächtige (Firmenname, Straße, PLZ, Ort (des Händlers)), Gläubiger-ID (Gläubiger-ID des Händlers), den heute fälligen, o. g. Betrag unter o. g. Mandats-Referenz (M-ID) einmalig von meinem durch die verwendete Karte identifizierten Konto per Lastschrift einzuziehen. Die Frist zur Ankündigung des Lastschrifteinzuges wird auf einen Tag verkürzt. Die Belastung meines Kontos erfolgt an dem Geschäftstag, der dieser Zahlung folgt. Hinweis: Ich kann innerhalb von 8 Wochen, beginnend mit dem Belastungsdatum, die Erstattung des belasteten Betrages verlangen. Es gelten dabei die mit meinem Kreditinstitut vereinbarten Bedingungen. Ich weise mein Kreditinstitut unwiderruflich an, die Lastschrift einzulösen und im Falle der Nichteinlösung der Lastschrift dem o. g. Unternehmen, oder, bei Forderungsabtretung, dem jeweiligen Gläubiger oder deren Beauftragten **auf Anforderung meinen Namen und meinen Anschrift zur Geltendmachung oder Forderung mitzuteilen.**

Unterschrift des / der Karteninhabers/in

Datenschutzrechtliche Informationen

Wir erfassen Ihre Zahlungsinformationen (Kontonummer, Bankleitzahl, Kartenverfalldatum und -folgenummer, Datum, Uhrzeit, Betrag, Terminalkennung, Standort des Terminals) zum Zweck der Zahlungsabwicklung, zur Kartenprüfung und Verhinderung von Kartenmissbrauch. Wird bei einer Zahlung im Elektronischen Lastschriftverfahren (d. h. mit Girocard und Unterschrift) eine Lastschrift von Ihrer Bank nicht eingelöst oder von Ihnen widerrufen (Rücklastschrift), wird dies in eine Sperrdatei eingetragen, die bei (Firma, Straße, Postleitzahl, Ort der verantwortlichen Stelle für die Sperrliste) geführt wird. Solange ein Sperreintrag besteht, ist eine Zahlung mit Girocard und Unterschrift nicht möglich. Der Eintrag in der Sperrdatei wird gelöscht, sobald die Forderung vollständig beglichen wurde oder wenn Sie Rechte aus dem getätigten Kauf geltend machen (z. B. bei Sachmangel oder Rückgabe der Ware).

Fortsetzung auf der nächsten Seite

1.07

Fortsetzung

d) **ec-cash online und offline**

- Bei ec-cash online bezahlt der Kunde mit seiner Debitkarte und seiner PIN.
- Nach der sofortigen Online-Prüfung (PIN, Gültigkeit, Verfügungsrahmen / Kontodeckung, eventuelle Sperren) durch das kartenausgebende Institut und Zahlungsfreigabe (Autorisation) hat der Händler eine 100 %ige Zahlungsgarantie (zum Zahlvorgang wird hier der Magnetstreifen genutzt).
- Moderne Debitkarten verfügen mittlerweile über einen Chip auf der Karte.
- Bei electronic-cash Zahlungen mit Chip bezahlt der Kunde ebenfalls mit seiner Debitkarte und seiner PIN. Allerdings sind die für eine Zahlung notwendigen Daten im Chip gespeichert (mittlerweile sind ca. 80 % aller Karten in Deutschland mit einem Chip ausgestattet). Der Chip ermöglicht eine Offline-Prüfung:

  Geprüft wird der Verfügungsrahmen, der vom kartenausgebenden Institut frei festgelegt wird (z. B.: Kunde ist berechtigt, innerhalb von einem Monat Zahlungen bis zu 1.000,00 EUR zu tätigen).

  Der verfügte Betrag wird auf dem Chip gespeichert und wenn der Verfügungsrahmen überschritten ist, erfolgt wieder eine Online-Prüfung.
- Vorteile für den Händler: Reduzierung der Verbindungskosten zum Rechenzentrum, die durch eine Online-Autorisierung entstehen würden.

e) **Zahlung per Kreditkarte**

- Der Karteninhaber kann gegen Vorlage der Kreditkarte und Unterschrift bzw. PIN weltweit bargeldlos bezahlen, d. h. auch ausländische Kunden könnten mit der Kreditkarte hier zahlen.
- Die auf dem Chip der Karte befindlichen Daten werden eingelesen, und durch Unterschrift auf dem Leistungsbeleg oder durch Eingabe der PIN autorisiert der Kunde die Abbuchung von seinem Konto.
- Mit dem Einlesen der Kartendaten erfolgt gleichzeitig eine Überprüfung des dem Karteninhaber eingeräumten Verfügungsrahmens. Nach positiver Prüfung erhält der Händler sofort eine Zahlungsgarantie.
- Der Händler reicht die Umsätze elektronisch beim Kreditkartenprozessor (Abwickler der Kartenzahlungen für die Kreditkartengesellschaften) ein. Dieser überweist den Umsatz abzüglich des Disagios an die Bank des Händlers, die den Betrag dann auf dem Konto des Händlers gutschreibt.

Hinweis: Kleinere Akzeptanzstellen, die nur einen geringen Kreditkartenumsatz haben, können auch telefonisch Autorisierungsabfragen beim Prozessor durchführen. Wird ein bestimmtes Umsatzlimit überhaupt nicht erreicht (das so genannte Floor-Limit), kann auf eine Autorisierung vollständig verzichtet werden. Das Floor-Limit wird je nach Branche und Akzeptanzstelle individuell von den Kreditkartengesellschaften festgelegt.

f) **Voraussetzung für die Scheckeinlösung:**

- Der Scheck muss formal in Ordnung sein.
- Es liegt kein Scheckwiderruf beim bezogenen Kreditinstitut vor.
- Es ist ausreichende Kontodeckung vorhanden.
- Die Vorlage des Schecks erfolgt innerhalb der Vorlegungsfrist (hier: 8 Tage ab Ausstellungstag).

Fortsetzung auf der nächsten Seite

1.07

Fortsetzung

g) **Barauszahlungsverbot**

Scheckrechtlich gesehen dürfte die Gartenbank AG diesen Scheck bar auszahlen, da das Barauszahlungsverbot für Verrechnungsschecks nur für das bezogene Kreditinstitut (hier: Sparkasse Munster) gilt.

h) **Scheckbearbeitung bei der 1. Inkassostelle**

Prüfungspflichten:

- Indossament: Da es sich um einen Orderscheck handelt, muss der Scheck indossiert werden. Da es sich um einen disparischen Scheck handelt (Schecknehmer und Scheckeinreicher sind nicht identisch!) muss geprüft werden, ob die Indossamentenkette vollständig ist.
- Disparischer Scheck: Bei Schecks, die nicht vom Schecknehmer eingereicht werden, sollte die Berechtigung des Einreichers geprüft werden (Rückfrage beim Scheckbegünstigten bzw. Scheckaussteller über das bezogene KI). Das Kreditinstitut hat in solchen Fällen verschärfte Sorgfaltspflichten. Das Handeln der Bank könnte sonst als grob fahrlässig angesehen werden. Das gilt auch für blanko indossierte Orderschecks, denn im kaufmännischen Geschäftsverkehr ist es unüblich, Schecks weiterzugeben.
- formale Ordnungsmäßigkeit.

Bearbeitung nach dem ISE-Verfahren (Scheckbetrag ist größer als 5.999,99 EUR)

- Erstellung eines Clearingdatensatzes und eines Imagedatensatzes (Vorder- und Rückseite des Schecks)
- Aufbewahrung des Originalschecks (körperlich: 3 Jahre; digital: 10 Jahre)
- Einreichung der beiden Datensätze bei der Deutschen Bundesbank
- Buchung der Gutschrift Eingang vorbehalten (E. v.)

i) **Nichteinlösung eines Schecks**

Voraussetzungen:

1. Vorlage innerhalb der Vorlegungsfrist beim bezogenen Kreditinstitut
2. Nachweis der Nichteinlösung
   - um einen Scheckprozess zu führen, benötigt der Aussteller Originalscheck + Nichteinlösungserklärung der DBB
   - Scheckeinreicher schickt einen Anforderungsbogen an die DBB
   - DBB erstellt diese Bestätigung der Zahlungsverweigerung und schickt sie dem Einreicher zu, allerdings nur, wenn Vorlegungsfrist und Protestfrist eingehalten wurden.

Anmerkungen:

Der besondere Vorteil einer Scheckklage gegenüber anderen Prozessen besteht darin, dass es sich bei ihr um einen reinen Urkundenprozess handelt, bei dem sehr kurze Ladungsfristen gelten (Frist zwischen Vorladung und Termin der mündlichen Verhandlung). Dadurch ist ein sehr schneller Prozess möglich.

Der Scheckinhaber muss den Aussteller und ggf. den Vormann innerhalb von 4 Werktagen über die Nichteinlösung informieren. Jeder Indossant muss seinen Vormann innerhalb von 2 Werktagen informieren. Rückgriffansprüche des Inhabers gegen Aussteller und Indossanten verjähren 6 Monate nach Ablauf der Vorlegungsfrist.

1.08

a) **Unterschied SEPA-Überweisung / Auslandsüberweisung**

- Die SEPA-Überweisung kann sowohl für inländische als auch für grenzüberschreitende Zahlungen innerhalb der SEPA-Teilnehmerländer* genutzt werden.
- Eine SEPA-Überweisung ist – im Gegensatz zu einer Auslandsüberweisung für den Auftraggeber genauso preisgünstig wie eine Überweisung im Inland.
- Allerdings gilt der günstige Preis für SEPA-Überweisungen nur, wenn folgende Bedingungen erfüllt sind:
  1. die Überweisung erfolgt in Euro
  2. vollständige Angaben zum Zahlungsempfänger
  3. BIC und IBAN des Zahlungsempfängers
  4. maschinenlesbare Auftragserteilung
  5. keine besonderen Weisungen (z. B. besondere Gebührenregelung / „EILT"-Vermerk)
- Die Auslandsüberweisung muss u. a. gewählt werden, wenn die zu überweisende Währung nicht auf Euro lautet.
- Auslandsüberweisungen, die nicht alle Bedingungen der SEPA-Überweisungen (s. o.) erfüllen, werden wie ein gewöhnlicher Auslandszahlungsverkehrs-Auftrag mit den entsprechenden Kosten behandelt.
- Diese Kosten können u. U. sehr hoch sein (vgl. dazu diverse Preis- und Leistungsverzeichnisse der Kreditinstitute).
- Außerdem muss der Auftrag einen Hinweis über die Kostenverteilung enthalten. Die gängigsten Formen sind:

  OUR-Überweisung: hierbei trägt der Überweisende alle Entgelte

  SHARE-Überweisung: hier trägt der Überweisende die Kosten seines Instituts und der Zahlungsempfänger die übrigen Kosten.
- Im vorliegenden Fall muss also eine Auslandsüberweisung gewählt werden, da der Kunde die Zahlung in Tschechischen Kronen leisten muss.

b) **Berechnung der Kontobelastung**

Die Umrechnung der 8.000 Tschechischen Kronen erfolgt zum Devisen-Geldkurs: 1 EUR ≙ 26,8300 CZK

1 EUR ≙ 26,8300 CZK
x EUR ≙ 8.000 CZK

x = 298,17 EUR
\+ 12,50 EUR Entgelt
\+ 2,50 EUR Zusatzkosten
= 313,17 EUR

Herr Graf wird mit **313,17 EUR** für die Anzahlung belastet.

Fortsetzung auf der nächsten Seite

*Teilnehmerländer sind alle Mitglieder der Europäischen Union sowie Island, Liechtenstein, Norwegen, die Schweiz und Monaco.

1.08

Fortsetzung

c) **Vorteile von Reiseschecks**

- Auch Reiseschecks können zur Bargeldbeschaffung oder zum Bezahlen im Ausland genutzt werden.
- Häufig ist eine Bargeldbeschaffung mit Reiseschecks auch in Hotels / Restaurants / Handelsunternehmen möglich.
- Dieser Aspekt könnte von Vorteil sein, wenn es z. B. nur sehr wenige Terminals zur Bargeldbeschaffung mittels Debit-Karte (girocard) oder Kreditkarte gibt (geringe Verbreitung der Terminals).
- Außerdem muss man immer mit defekten Geräten bzw. technischen Störungen rechnen.
- Darüber hinaus geben unterschiedliche Zahlungsmittel – sofern sie nicht an einem Ort aufbewahrt werden – zusätzliche Sicherheit.

d) **Nachteile der Reiseschecks gegenüber der Kreditkarte**

- die Reiseschecks müssen komplett vorfinanziert werden; bei der Kreditkarte erfolgt die Abbuchung je nach Ausgestaltung der Kreditkarte sofort nach Einsatz (Debitkarte) oder zu einem bestimmten Abrechnungszeitraum (Charge und Creditkarten)
- Reiseschecks werden in der Währung ausgezahlt, auf die sie lauten; bei der Kreditkarte wird an Geldausgabeautomaten die Landeswährung oder auch eine andere, verbreitete Währung (z. B. der US-Dollar in Südamerika) ausgezahlt
- bei den Reiseschecks fallen häufig Einlösungsgebühren an, mit manchen Kreditkarten kann gebührenfrei im Ausland verfügt werden
- die Reiseschecks werden nicht eingelöst, wenn die zusätzlichen Legitimationspapiere nicht vorhanden sind (z. B. wegen Verlust oder Diebstahl); bei der Kreditkarte braucht man i. d. R. keine zusätzlichen Legitimationspapiere
- für Reiseschecks gibt es weniger Akzeptanzstellen als für Kreditkarten

e) **Verlust der Reiseschecks**

- Voraussetzung für eine Erstattung der abhanden gekommenen Reiseschecks ist, dass sich der Kunde bei der Aufbewahrung nicht grob fahrlässig verhalten hat
- für den Erstattungsanspruch muss der Kunde sich – i. d. R. telefonisch und unverzüglich – an den Reisescheck-Emittenten wenden. Die entsprechenden Telefonnummern befinden sich meistens auf der Kaufquittung
- außerdem müssen Kaufquittung und die Liste der Schecknummern vorgelegt werden können (es empfiehlt sich deshalb, diese getrennt von den Schecks aufzubewahren).
- eine weitere Voraussetzung für die Erstattung ist, dass sich nur eine Unterschrift auf dem Scheck befinden darf
- Reiseschecks haben eine unbegrenzte Gültigkeitsdauer

Hinweis:

Thomas Cook Reiseschecks werden schon länger nicht mehr vertrieben, und American Express wird nur noch bis Ende 2015 Reiseschecks in Deutschland ausgeben. Bereits gekaufte Schecks bleiben aber gültig (s. o.).

Fortsetzung auf der nächsten Seite

1.08

Fortsetzung

f) **Erklärung verschiedener Notierungen**

- Devisenkurse, also der Preis für ausländische Währungen, ergeben sich aufgrund von Angebot und Nachfrage und verändern sich laufend.
- Aus diesem Grund werden täglich Devisenreferenzkurse ermittelt und veröffentlicht, um eine einheitliche Abrechnungsgrundlage für die verschiedenen Kundengeschäfte zu haben.
- Auf der Grundlage dieser Devisenreferenzkurse erfolgt dann die Abrechnung z. B. für Überweisungen ins Ausland (vgl. Aufgabe b), für Überweisungsgutschriften aus dem Ausland, für die Einreichung von Auslandsschecks oder für die Belastung am Geldautomaten.
- Ermittelt werden die Referenzkurse, indem die beteiligten Kreditinstitute (Sparkassen und Kreditgenossenschaften)* die Mittelkurse der acht wichtigsten Währungen (US-Dollar, Japanischer Yen, Britisches Pfund, Schweizer Franken, Kanadischer Dollar, Norwegische Krone, Dänische Krone und Schwedische Krone) einer Referenzstelle melden. Aus diesen Kursmeldungen werden nach Streichung der höchsten und niedrigsten Kurse die entsprechenden Durchschnittskurse gebildet, die dann als Referenzkurse EuroFX veröffentlicht werden.
- Die „Preise am Bankschalter“ gelten für die Umrechnung von Sorten (Bargeld).
- Auch sie orientieren sich zunächst an den „Referenzkursen EuroFX“, werden dann aber individuell von den Banken festgelegt.
- Dabei spielt eine Rolle, dass der Handel mit Sorten sehr kostenintensiv ist (körperliche Beschaffung, Vorratshaltung, Versicherung, Personal). Diese Kosten werden in die Kurse mit einberechnet.
- „Preise am Bankschalter“ werden häufig mit „Verkauf“ bzw. „Ankauf“ bezeichnet (vgl. Tabelle).
- Hierbei ist zu beachten, dass sich diese Bezeichnungen auf die **Kundensichtweise** beziehen, d. h. wenn der Kunde seine Euro verkaufen möchte, um dafür Fremdwährung zu erhalten, wird der **Verkaufs**kurs zugrunde gelegt.
- Die Referenzkurse der EZB (vorletzte Kursnotierung der Übersicht „Devisen- und Sortenkurse“) werden aufgrund der Kursmeldungen der nationalen Zentralbanken gebildet und sind z. B. für die Bewertung von Währungsbeständen oder für statistische Meldungen von Bedeutung.

Fortsetzung auf der nächsten Seite.

*Großbanken sind dem Referenzkurssystem „Euro-FX“ nicht angeschlossen. Sie ermitteln eigene Referenzkurse.

1.08

Fortsetzung

g) **Bargeldtausch**

In Deutschland:

Für die Berechnung werden die „Preise am Bankschalter“ (Sortenkurse) zugrunde gelegt. Bezüglich der Begriffe „Ankauf“ und „Verkauf“ wird auf die Fußnote verwiesen: Verkauf und Ankauf entsprechen Geld und Brief bei anderen Instituten. Demzufolge ist es für das deutsche Kreditinstitut in diesem Fall ein Sortenverkaufsgeschäft, bei dem der Geldkurs (=Verkauf) zugrunde gelegt wird.

1 EUR ≙ 23,9060 CZK
x EUR ≙ 1.000 CKZ → x = 41,83 EUR

Der Kunde müsste in Deutschland 41,83 EUR bezahlen, um 1.000 CZK zu erhalten.

In der Tschechischen Republik

Wenn der Kunde in der Tschechischen Republik ist und dort Kronen kaufen möchte, bedeutet dies, dass er in Tschechien Fremdwährung (nämlich den Euro) verkaufen möchte, um dafür die Landeswährung (Kronen) zu erhalten. Das tschechische Kreditinstitut kauft also aus seiner Sicht Sorten (Euro) an, demzufolge muss der Briefkurs zugrunde gelegt werden.

100 CZK ≙ 5,00 EUR
1000 CZK ≙ 50,00 EUR

In der Tschechischen Republik müsste Herr Graf 50,00 EUR bezahlen, um 1.000 CZK zu erhalten. Demnach sollte der Kunde seinen Handbestand bereits in Deutschland tauschen.

h) **Mitnahme von Bargeld**

- Einen kleinen Bestand an Bargeld in Landeswährung sollte jeder Reisende mit sich führen, da es nicht immer möglich sein wird, mit der Debit- oder einer Kreditkarte zu zahlen.
- Viele Kleinbeträge (Taxi, U-Bahn, Parkhäuser, Zeitungen u. v. a.) sind oftmals nur mit Bargeld zahlbar.

1.09

a) **Risiken im Auslandsgeschäft**

Risiko	Absicherung / Risikominimierung
Transportrisiko (Ware wird auf dem Transportweg zerstört; Ware geht verloren)	Abschluss einer Transportversicherung
Bonitätsrisiko (Zahlungsverzug, -verweigerung, -unfähigkeit des Käufers)	Vereinbarung entsprechender Zahlungsbedingungen (hier: Akkreditiv)
Währungsrisiko	Abschluss von Kurssicherungsgeschäften oder Fakturierung in Heimatwährung
unterschiedliche Rechtsordnungen und Handelsbräuche	Vereinbarung entsprechender Lieferungsbedingungen (INCOTERMS) und Zahlungsbedingungen sowie Verwendung international gebräuchlicher Außenhandelsdokumente

b) **Außenhandelsdokumente**

Luftfrachtbrief (air waybill):

- ist eine Beweisurkunde über den Abschluss des Frachtvertrags (hier: Luftbeförderung)
- ist eine Bescheinigung über den Auftrag des Absenders an den Frachtführer, die Ware an den benannten Empfänger auszuliefern
- ist ein Warenbegleitpapier und verkörpert nicht die Ware
- wird in drei Ausfertigungen ausgestellt,
  die 1. Ausfertigung ist für den Luftfrachtführer (begleitet die Ware)
  die 2. Ausfertigung ist für den Empfänger
  die 3. Ausfertigung ist für den Absender (shipper)

  Diese 3. Ausfertigung verbrieft ein Dispositionsrecht über die Ware, d. h. der Inhaber dieses Originals hat das Recht:

  a) die Ware anzuhalten
  b) die Ware zurückzurufen
  c) die Ware einem anderen Empfänger aushändigen zu lassen

Versicherungspolice (cargo policy)

- Die Versicherungspolice beweist den Abschluss einer Transportversicherung, entweder als:
  Einzelpolice für einen einzelnen bestimmten Transport oder als
  Generalpolice als Rahmensicherungsvertrag mehrerer gleichartiger Transporte innerhalb eines bestimmten Zeitraums.
- Inhalt: Versicherungswert, Warenbeschreibung (Packstücke, Gewichte, Mengenangaben o. ä.) Transportmittel, Reiseroute, gedeckte Risiken, Name des zuständigen Agenten (für Schadensmeldung)

Fortsetzung auf der nächsten Seite

1.09

Fortsetzung

Handelsrechnung (Commercial Invoice)

- Rechnung des Exporteurs auf dessen Formularen als Prüfdokument über vertragsgemäße Lieferung mit detaillierten Angaben zur Ware (Beschreibung), Preis (Einzel- und Gesamtpreis), Lieferungs- und Zahlungsbedingungen, Verweis auf INCOTERMS, Verpackung und sonstigen Erklärungen (z. B. Ursprungsland)
- Sie dient auch als Unterlage für Einfuhrmodalitäten und der Verzollung der Ware.

c) **Beteiligte am Dokumenteninkasso:**

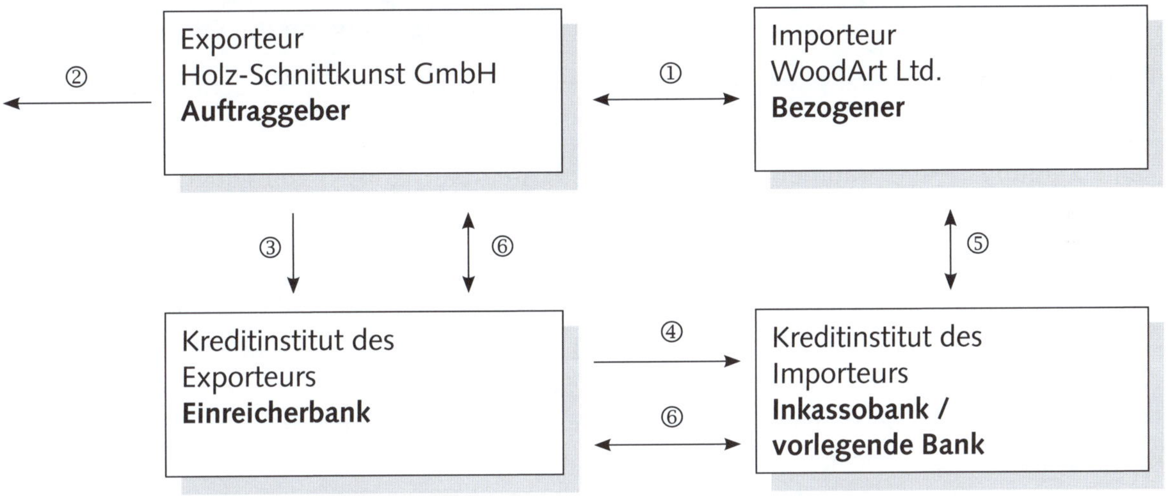

Ablauf des Dokumenteninkasso (d/p)

1. Kaufvertrag mit Vereinbarung der Zahlungsbedingung Dokumenteninkasso gegen Zahlung (d/p).
2. Warenübergabe an den Frachtführer, Aushändigung der 3. Ausfertigung des Luftfrachtbriefes.
3. Die Holz-Schnittkunst GmbH reicht den Inkassoauftrag mit den erforderlichen – im Vertrag genannten – Dokumenten bei ihrer Bank ein.
4. Die Einreicherbank leitet den Inkassoauftrag – ggf. unter Einschaltung einer Korrespondenzbank – an die Inkassobank weiter.
5. Die Inkassobank übergibt dem Importeur Zug um Zug die Dokumente gegen Zahlung des Inkassobetrages.
6. Inkassobank und Einreicherbank leiten die Zahlung an den Exporteur weiter (Verrechnung).

Fortsetzung auf der nächsten Seite

1.09

Fortsetzung

d) **Dokumenteninkasso versus nicht dokumentäre Zahlungen**
Zahlungsformen regeln die Art und Weise der Zahlungen, dabei haben Importeur und Exporteur unterschiedliche Interessen:

Exporteur will:	Importeur will:
→ Zahlungen in seiner Heimatwährung	→ Zahlung in seiner Heimatwährung
→ möglichst frühe Zahlung (vor Auslieferung)	→ möglichst spät zahlen (nach Erhalt der Ware; nach Eingang der Erlöse)
→ Risiko des Zahlungsausfalls und –verzugs ausschalten	→ Risiko der Nicht- / Schlechtlieferung ausschalten
→ keine Zahlungsziele einräumen	→ Kreditaufnahmen vermeiden.

- Für Herrn Löffler wäre demnach die Vorauszahlung die beste Lösung; für die WoodArt Ltd. wäre es dagegen die Zahlung nach Erhalt der Ware bzw. das offene Zahlungsziel.
- Zwischen diesen beiden (nicht dokumentären) Extremen liegen verschiedene dokumentäre Zahlungsformen, die quasi eine Kompromisslösung darstellen.
- So wird beim Dokumenteninkasso die Zahlungspflicht des Importeurs erst durch Präsentation der Dokumente ausgelöst.
- Es handelt sich hierbei um ein Zug-um-Zug Geschäft.
- Dieses ist bei den nicht dokumentären Zahlungen nicht der Fall, da bei einer nicht-dokumentären Zahlung entweder der Exporteur in Vorleistung tritt (Zahlungsbedingung: Offenes Zahlungsziel) oder der Importeur (Zahlungsbedingung: Vorauszahlung).

Die sechs übliche Zahlungsbedingungen sind:	
1. Vorauszahlung (Advance Payment, Prepayment)	= nicht-dokumentäre Zahlung
2. Dokumentenakkreditiv (Letter of Credit , L/C)	= dokumentäre Zahlung
3. Dokumente gegen Kasse, (= Dokumenteninkasso) (Documents against Payment, D/P)	= dokumentäre Zahlung
4. Dokumente gegen Akzept (= Dokumenteninkasso) (Documents against Acceptance, D/A)	= dokumentäre Zahlung
5. Zahlung nach Erhalt der Ware	= nicht-dokumentäre Zahlung
6. Offenes Zahlungsziel	= nicht-dokumentäre Zahlung

Die Reihenfolge von oben nach unten drückt die abnehmende Interessenlage des Exporteurs aus, die umgekehrte Reihenfolge die abnehmende Interessenlage des Importeurs.

Fortsetzung auf der nächsten Seite

Fortsetzung

e) **Risiko für den Exporteur**

Das Restrisiko für den Exporteur liegt darin, dass der Importeur die Dokumente nicht aufnimmt, d. h. die WoodArt Ltd. bekommt die Ware zwar nicht ausgehändigt, bezahlt sie aber auch nicht.

Daraus können sich für den Exporteur folgende Kosten ergeben:

- Organisation der Lagerung und Lagerung der Ware (Organisationskosten, Transportkosten; Mietkosten für Lagerräume)
- Verkauf der Ware vor Ort an einen anderen Käufer mit Verlust
- Rücktransport der Ware (Transportkosten, Versicherungskosten, etc.)
- Gerichtskosten bei Schadenersatzklagen

f)

fa) **Wesen des Devisentermingeschäftes**

- Bei einem Devisentermingeschäft verpflichtet sich die Bank zur Lieferung (Devisenverkauf) bzw. Abnahme (Devisenankauf) eines festgelegten Währungsbetrages zu einem bereits heute festgelegten Kurs zum Fälligkeitstag. Umgekehrt verpflichtet sich natürlich auch der Kunde zur unbedingten Erfüllung des Vertrages (Abnahme bzw. Lieferung des Devisenbetrages).
- Herr Löffler verpflichtet sich also heute schon, in drei Monaten 450.000,00 USD zu liefern, die dann – in drei Monaten – zu einem heute bekannten und festgelegten Devisenterminkurs von der Bank angekauft werden. Für ihn hat es den Vorteil, dass er bereits heute weiß, über welchen Euro-Betrag er in 3 Monaten verfügen kann; er verschafft sich damit eine sichere Kalkulationsgrundlage.

fb) **Ursache für Swapsätze**

- Ursache für den Report ist der Zinsniveauunterschied in den beiden Ländern bzw. Wirtschaftsräumen. Im vorliegenden Fall erkennt man am Report (Aufschlag auf den Kassakurs), dass das Zinsniveau im Euro-Währungsraum niedriger ist als das Zinsniveau in den Vereinigten Staaten.

fc) **Kundenabrechnung**

Da der Kunde in 3 Monaten USD an die Bank verkaufen wird, wird der Briefkurs zugrunde gelegt. Auf diesen Briefkurs wird nun der Report aufgeschlagen, daraus ergibt sich der Devisenterminkurs (Brief): 1,2890 + 0,0044 = 1,2934.

Abrechnung:

1 EUR ≙ 1,2934 USD

x EUR ≙ 450.000,00 USD → x = 347.920,21 EUR

Als Gegenwert der 450.000,00 USD bekommt der Kunde bei Erfüllung des Geschäfts in 3 Monaten 347.920,21 EUR gutgeschrieben.

Fortsetzung auf der nächsten Seite

1.09

Fortsetzung

g) **Vorteile eines Fremdwährungskontos**

Das Fremdwährungskonto bietet sich an, wenn ein Kunde regelmäßig Zahlungsein- und -ausgänge in einer ausländischen Währung erhält bzw. leistet (für verschiedene Währungen müssen jedoch verschiedene Fremdwährungskonten eingerichtet werden).

- Vorteile sind, dass beim Fremdwährungskonto der Umtausch in Euro (Heimatwährung) entfällt und somit auch Kursschnitte (Geld- und Briefspanne) und Courtage / Gebühren nicht anfallen.
- Es bietet auch die Möglichkeit, Schecks in der Kontowährung zur Gutschrift einzureichen, Kredite aufzunehmen oder Geld zu Zinssätzen des betreffenden Währungsgebietes anzulegen.
- Weitere Vorteile sind darin zu sehen, dass Skontovorteile durch beschleunigte Zahlungsausgänge genutzt werden können und Valuten-Verluste vermieden werden.
- Das Konto kann auch dazu genutzt werden, Devisen zu kaufen bzw. zu verkaufen, wenn es gerade günstige Kursentwicklungen gibt.

1.10

a) **Angebotsvergleiche**

aa) **Unterschiede zwischen FOB- und CIF-Angeboten**

- FOB und CIF sind internationale Lieferungsbedingungen (INCOTERMS).
- Bei beiden Klauseln besteht kein Unterschied hinsichtlich des Gefahrenübergangs, der jeweils im Verschiffungshafen erfolgt.
- Der Unterschied besteht im Zeitpunkt des Kostenübergangs, der bei FOB bereits in Montreal und bei CIF erst in Hamburg erfolgt.
- Die Preisgestaltung der beiden Angebote unterscheidet sich somit durch die Kosten für Seefracht und Seeversicherung: CIF-Preis = FOB-Preis + Seefracht + Seeversicherung.

ab) **Entscheidung für eines der beiden Angebote**

- Die Differenz zwischen beiden Angeboten beträgt 68.000 USD.
- Wenn die Kosten für Seefracht und Seeversicherung bei einem anderen Anbieter günstiger sind, dann sollte der Kunde das FOB-Angebot wählen und den günstigeren Anbieter mit dem Transport und der Versicherung der Ware beauftragen.

b) **Bestätigtes Dokumentenakkreditiv versus Dokumenteninkasso**

- Der Exporteur veranlasst die Lieferung der Ware erst, nachdem er von seiner Bank ein Avis über ein vorliegendes Zahlungsversprechen der Bank des Importeurs erhält.
- Da es sich um ein bestätigtes Akkreditiv handelt, gibt zusätzlich die Bank des Exporteurs ein Zahlungsversprechen ab, bei Vorlage akkreditivkonformer Dokumente zu zahlen.

Fortsetzung auf der nächsten Seite

1.10

Fortsetzung

c)

ca) **Vollständiger Satz reiner An-Bord-Konnossemente, an Order ausgestellt und blanko indossiert**

An-Bord-Konnossement	– Bestätigung, dass die Ware an Bord des namentlich benannten Schiffes übernommen wurde
Vollständiger Satz	– Da ein Konnossement als Warenwertpapier die Übergabe der Ware ersetzt und die Auslieferung der Ware nur gegen Vorlage des Konnossements (Präsentationspapier) erfolgt, werden zur Begrenzung des Verlustrisikos i. d. R. drei Originale ausgestellt. – Da bereits ein Original zum Empfang der Ware ausreicht, wird vereinbart, dass nur gegen Vorlage aller ausgestellten Originale (voller Satz) Zahlung geleistet werden muss.
rein	– Das Konnossement enthält keine Mängelhinweise des Reeders über sichtbare Beschädigungen an der Ware oder der Verpackung.
an Order ausgestellt	– Konnossemente sind geborene Rektapapiere (nur durch Abtretung übertragbar) und werden durch die Orderklausel leichter übertragbar (Einigung, Indossament, Übergabe).
blanko indossiert	– ermöglicht eine Übertragung des Eigentums an der Ware durch Einigung und Übergabe des Konnossements

cb) **Spätester Zeitpunkt der Dokumentenvorlage**

- Gemäß Art. 43 ERA müssen die Dokumente innerhalb von 21 Tagen nach ihrer Ausstellung (26.08. + 21 Tage = 16.09.), jedoch innerhalb der im Akkreditiv angegebenen Gültigkeitsdauer, also bis zum 10.09., vorgelegt werden.

cc) **Traditions- und Präsentationspapier**

Traditionspapier	– Übertragung des Konnossements hat die gleiche Wirkung wie die Übergabe der Ware selbst – Warenwertpapier
Präsentationspapier	– Die Auslieferung der Ware erfolgt nur gegen Vorlage des Konnossements, bei mehreren Konnossementen gegen Vorlage eines Originals, die anderen Originale werden kraftlos.

Fortsetzung auf der nächsten Seite

1.10

Fortsetzung

d) **S.W.I.F.T**

- Internationales Datenfernübertragungssystem zur schnellen Online-Übertragung standardisierter Nachrichten
- Es erfolgt kein Clearing (Zahlungsverrechnung).

e) **Prüfung auf**

- Vollständigkeit (alle im Akkreditiv genannten Dokumente)
- Zusammengehörigkeit (z. B. Prüfung, ob Faktura und Konnossement übereinstimmen)
- Übereinstimmung mit Akkreditivbedingungen (z. B. an Order ausgestelltes An-Bord-Konnossement, Versicherungspolice in geforderter Höhe)
- Wenn die Dokumente nicht in Ordnung sind, dann stimmt die Bank gemäß Art. 13 ERA mit dem Importeur ab, ob die Dokumente dennoch akzeptiert werden sollen.
- Sollen die Dokumente nicht akzeptiert werden, dann wird der Exporteur zur Nachbesserung aufgefordert und wenn diese nicht erfolgt, ist die Bank des Importeurs nicht zur Zahlung verpflichtet.

2.01

a) **Kapitalerhöhungen**

- bei der **Kapitalerhöhung aus Gesellschaftsmitteln** werden Kapital- und Gewinnrücklagen in Grundkapital umgewandelt
- dabei erhält die Aktiengesellschaft kein zusätzliches Kapital
- man spricht auch von einer sogenannten nominellen Kapitalerhöhung

- bei der **Kapitalerhöhung gegen Einlagen**, auch ordentliche Kapitalerhöhung genannt, werden neue Aktien ausgegeben
- hierbei erhält die Aktiengesellschaft zusätzliches Eigenkapital
- die Altaktionäre haben ein gesetzliches Bezugsrecht auf die neuen Aktien

- die **bedingte Kapitalerhöhung** dient der Einlösung von Umtauschrechten oder Bezugsrechten aus Wandel- und / oder Optionsanleihen sowie der Ausgabe von Belegschaftsaktien
- auch bei der bedingten Kapitalerhöhung erhält die Aktiengesellschaft zusätzliches Eigenkapital

b) **Ermittlung des Berichtigungsverhältnisses**

Altes Grundkapital	:	Kapitalerhöhung	
180.170.544 Mio. EUR	:	360.341.088 Mio. EUR	=> 1:2

c) **Rechnerische Wert des Berichtigungsabschlags**

Der rechnerische Wert des Berichtigungsabschlags lässt sich mit folgender Formel berechnen:

$$BA = \frac{\text{Börsenkurs der alten Aktie}}{\text{Berichtigungsverhältnis} + 1}$$

$$BA = \frac{36}{1,5} = 24,00$$

Der Berichtigungsabschlag beträgt 24,00 EUR.

d) **Aktienwert am Tag nach der Kapitalerhöhung.**

Der rechnerische Wert der Aktie am Tag nach der Kapitalerhöhung errechnet sich folgendermaßen:

Kurs der alten Aktie – Berichtigungsabschlag

36,00 EUR – 24,00 EUR = 12,00 EUR

Fortsetzung auf der nächsten Seite

2.01

Fortsetzung

e) **Neue Aktien**

- Herrn Müller stehen 3.000 Berichtigungsaktien zu
- Bei einem Berichtigungsverhältnis 1:2 erhält der Kunde je alter Aktie zwei neue Aktien
- Bei einem Depotbestand von 1.500 Stück Aktien erhält der Kunde demnach 3.000 Berichtigungsaktien
- Probe: alter Aktienwert: 1.500 Stück * 36,00 EUR / Stück = 54.000,00 EUR
  neuer Aktienwert: 1.500 alte Aktien + 3.000 Berichtigungsaktien = 4.500 Aktien zum Wert der neuen Aktie von 12,00 EUR / Stück = 54.000,00 EUR

f) **Auswirkungen der Kapitalerhöhung auf die Aktienanlage**

- Durch die Erhöhung der Aktienanzahl sinkt der Aktienkurs und die Aktie erscheint „billiger".
- Hierdurch soll die Aktie für Anleger interessanter gemacht werden.
- Durch die Erhöhung des (gebundenen) Grundkapitals erhöht sich in der Regel die Kreditwürdigkeit der Aktiengesellschaft.
- Eine weitere Auswirkung ist, dass bei gleichbleibender Dividende erhöhte Ausschüttungen erfolgen, da das Grundkapital die Bezugsgröße der Dividendenzahlungen ist.

g) **Kurszusätze**

Kurszusatz:

- Der Kurszusatz „ex BA" bedeutet „ohne Berichtigungsaktien" und ist ein Zusatz, der bei der Ausgabe von Berichtigungsaktien zum Aktienkurs angezeigt wird, da der Kurs der Aktie jetzt einen Berichtigungsabschlag enthält.
- Es ist die erste Notiz nach der Umstellung auf das aus Gesellschaftsmitteln berichtigte Aktienkapital.

Allgemeine Bedeutung:

- Kurszusätze tragen zu einer Erhöhung der Aussagekraft von Aktienkursen bei und damit letztlich auch zu einer Verbesserung der Durchsichtigkeit des Marktgeschehens
- sie sind wichtig, damit z. B. nicht informierte Kapitalanleger aus der Kursbewegung am Stichtag keine falschen Schlüsse ziehen

2.02

a) **Notwendigkeit der privaten Altersvorsorge**

- Die gesetzliche Altersversorgung ist nur eine Grundversorgung.
- Die private Altersvorsorge ergänzt die gesetzliche Rente. Sie soll die Absenkung des Rentenniveaus kompensieren, und auch dazu beitragen, dass der Lebensstandard im Alter erhalten bleiben kann.
- Die Absenkung des Rentenniveaus resultiert aus der sich ungünstig entwickelnden Bevölkerungsstruktur (demographischer Wandel): steigende Lebenserwartung und Geburtenrückgang.
- In Zukunft müssen daher immer weniger Erwerbstätige immer mehr Rentner finanzieren (Stichwort: Generationenvertrag).
- Die dabei auftretende Versorgungslücke, d. h. die Differenz zwischen dem angestrebten Einkommen im Rentenalter und dem zu erwartenden Alterseinkommen muss durch eine private Altersvorsorge geschlossen werden.

b) **Gegenüberstellung Rürup-Rente / Riester-Rente**

	Rürup	**Riester**
Förderung?	nur über Steuervorteile (abzugsfähige Altersvorsorgeaufwendungen bis maximal 20.000,00 EUR (bei Alleinstehenden)	– über Zulagen (sofern ein einkommensabhängiger Eigenbetrag geleistet wird) – teilweise mit Steuervorteilen
Wer wird gefördert?	alle Steuerpflichtigen (d. h. auch nicht rentenversicherungspflichtige Selbstständige; diese erhalten keine Riesterförderung!)	– alle Pflichtversicherten der gesetzl. Rentenversicherung – Beamte
Besteuerung in der Rentenphase	stufenweise Besteuerung, ab dem Jahr 2040 sind die Renten voll steuerpflichtig. Steuerpflichtig ... in 2015: 70 % in 2016: 72 % in 2017: 74 % ... in 2040: 100 %	Renten und Kapitalleistungen sind voll steuerpflichtig.
Kapitalauszahlung:	Kapitalauszahlung nicht möglich, ausschließlich in Rentenform	– Zu Beginn der Auszahlungsphase können bis zu 30 % des Kapitals ausgezahlt werden, danach Rentenzahlung. – Während der Ansparphase sind Entnahmen für den Kauf oder den Bau einer selbst genutzten Immobilie möglich. Während der Rentenphase sind Entnahmen zur Entschuldung einer selbst genutzten Immobilie möglich.
Hinterbliebenenversorgung	– nur für Ehepartner und Kinder über einen Zusatzvertrag, der die Altersrente schmälert. – Ansonsten verfallen die Beiträge, wenn der Sparer vor dem 60. Lebensjahr verstirbt.	– Übertrag auf den Riester-Vertrag des Ehepartners möglich oder – Auszahlung des Restkapitals als Rente (bei nicht dauernd getrennt lebenden Ehegatten) – Kinder nur über Zusatzvertrag, der die Altersrente schmälert.

Fortsetzung auf der nächsten Seite

2.02

Fortsetzung

c) **Abzugsfähige Altersvorsorgeaufwendungen**

Eigenbetrag zur gesetzlichen Rentenversicherung (9,35 % von 31.200,00 EUR):	2.917,20 EUR
+ Sparbetrag „Rürup-Rente“:	1.800,00 EUR
+ Arbeitgeberanteil zur gesetzl. Rentenversicherung:	2.917,20 EUR
= zu berücksichtigende Aufwendungen (max. 20.000,00 EUR)	7.634,40 EUR
davon 80 % im Jahr 2015 anrechenbar:	6.107,52 EUR
– Arbeitgeberanteil zur gesetzlichen Rentenversicherung:	2.917,20 EUR
= abzugsfähige Altersvorsorgeaufwendungen	**3.190,32 EUR**

Übersicht der abzugsfähigen Altersvorsorgeaufwendungen:

2015 80 % der Beträge
2016 82 % der Beträge
2017 84 % der Beträge
...
2025 100 % der Beträge

d) **Empfehlung der Riester-Rente**

- Frau Blum könnte beide Rentenarten abschließen, da sie bei beiden zum ´geförderten` Personenkreis gehört.
- Allerdings sollte die Riester-Rente gewählt werden, da hier neben den Steuervorteilen auch Zulagen gewährt werden.
- Bei der Riester-Rente ist eine höhere Flexibilität vorhanden. Z. B. sollte man die Möglichkeit der Geldentnahme für die Finanzierung einer selbstgenutzten Immobilie angesichts des Alters und der Lebenssituation der Kundin berücksichtigen. Außerdem ist eine teilweise Kapitalauszahlung in der Rentenphase möglich.
- Die Rürup-Rente eignet sich in erster Linie für diejenigen, die nicht zum förderungsfähigen Personenkreis der Riester-Rente gehören, bzw. für Personen, bei denen die Steuervorteile überwiegen.

e) **„Riester-fähige“ Anlageformen**

Riester-Verträge werden von Lebensversicherungsunternehmen, Banken und Fondsgesellschaften angeboten.

Merkmale sind:

- Auszahlungen erfolgen nicht vor dem 60. Lebensjahr (bei Vertragsabschluss ab 01.01.2012 frühestens mit dem 62. Lebensjahr)
- Es besteht eine Kapitalgarantie für die Einzahlungen und die staatlichen Zulagen zu Beginn der Auszahlungsphase.
- Die Auszahlung erfolgt als lebenslange Leibrente (Kapitalverrentung), allerdings kann sich der Sparer bis zu 30 % des Kapitals zu Beginn der Auszahlungsphase auszahlen lassen.
- Mittel zum Wohnungsbau, zum Erwerb oder zur Entschuldung einer selbstgenutzten Immobilie können entnommen werden.

Die Wahl der Anlageform hängt von der Anlagevorliebe, den privaten Lebensumständen und der Lebensplanung des Anlegers ab.

Fortsetzung auf der nächsten Seite

2.02

Fortsetzung

e) Angeboten werden:

1. Der Riester-Banksparplan mit festem Zinsertrag, jedoch keinem Mindestzins
2. Die klassische private Rentenversicherung mit Mindestverzinsung (z. Zt. 1,75 % p. a.)
3. Die fondsgebundene Rentenversicherung ohne garantierte Mindestverzinsung; der Ertrag ist abhängig von der Werteentwicklung der Fondsanteile (z. T. mit Kapitalgarantie, je nach Anbieter)
4. Der Riester-Fondssparplan ohne garantierte Mindestverzinsung jedoch mit Kapitalgarantie
5. Wohn-Riester-Verträge für den Erwerb von inländischen selbst genutzten Immobilien

f) **Höhe und Beantragung der Zulagen**

- die staatliche Altersvorsorgezulage besteht aus einer Grundzulage, die jede förderungsfähige Person erhält, und einer Kinderzulage (für kindergeldberechtigte Kinder).
- die Grundzulage beträgt 154,00 EUR, die Kinderzulage für Kinder, die vor dem 01.01.2008 geboren wurden, 185,00 EUR, für Kinder, die ab dem 01.01.2008 geboren wurden, 300,00 EUR
- Berufsanfänger, die zu Beginn des Kalenderjahres das 25. Lebensjahr noch nicht vollendet haben, erhalten zusätzlich eine Zulage in Höhe von 200,00 EUR.
- Die Zulage muss vom Kunden (jährlich) beim Anbieter des Vorsorgeproduktes auf amtlich vorgeschriebenen Vordrucken beantragt werden. Seit 2005 genügt ein Daueranlageantrag, in dem der Anbieter bevollmächtigt wird, jedes Jahr einen Antrag bei der Zentralen Zulagenstelle für Altersvermögen, eine Behörde der Bundesversicherungsanstalt für Angestellte, für den Kunden zu stellen.

g) **Informationspflichten vor und während der Laufzeit eines „Riester-Vertrages"**

Der Kunde ist bei Vertragsabschluss über folgende Punkte zu unterrichten:

- die Geldanlage
- die kalkulierte Rendite
- das mit der Anlage verbundene Risiko
- die Höhe und Verteilung der Abschlusskosten (Verteilung erfolgt über die ersten 5 Jahre)
- die Verwaltungskosten der Geldanlage
- die Kosten bei einem Produktwechsel

Der Kunde ist während der Vertragslaufzeit jährlich über folgende Punkte zu unterrichten:

- die Beitragsverwendung
- die Kapitalverwendung
- die Kosten und Erträge
- ob der Anbieter bestimmte Belange (ethische, soziale oder ökologische) berücksichtigt

Hinweis:

Aufgrund einer Gesetzesänderung müssen alle mittelbaren Riester-Sparer ab dem Beitragsjahr 2012 immer einen Eigenbeitrag von mindestens 60,00 EUR im Jahr bzw. 5,00 EUR monatlich auf ihren Vertrag einzahlen, d. h. es wird damit keinen reinen Zulagenvertrag mehr geben. Dieser Betrag muss in voller Höhe auf einen Riester-Vertrag gezahlt werden; andernfalls werden keine Zulagen gewährt.

2.03

a) **Notwendige Informationen vom Kunden**

Kreditinstitute sind nach § 31 Abs. 2 WpHG verpflichtet, bestimmte Informationen von anlagewilligen Kunden einzuholen und das Kreditinstitut muss dem Kunden alle zweckdienlichen Informationen über die bestimmten Anlageformen zur Verfügung stellen bzw. ihn diesbezüglich umfassend beraten. Hierunter fallen die für die jeweilige Anlagenentscheidung wesentlichen Einzelheiten. Dies bezieht sich sowohl auf die allgemeinen als auch auf die mit der Anlage speziell verbundenen Risiken.

Zu den Informationen, die vom Kunden eingeholt werden müssen, gehören neben den Informationen zur persönlichen Risikobereitschaft die Frage nach Erfahrungen und Kenntnissen im Umgang mit bestimmten Anlageformen, die Frage nach den Anlagezielen (z. B. Renditeerwartungen) und die Fragen nach den Einkommens- und Vermögensverhältnissen, soweit diese zur Wahrung der Interessen der Kunden und im Hinblick auf Art und Umfang der beabsichtigten Geschäfte erforderlich sind (vgl. § 31 Abs. 4 WpHG).

§ 31 Allgemeine Verhaltensregeln

(...)

(4) Ein Wertpapierdienstleistungsunternehmen, das Anlageberatung oder Finanzportfolioverwaltung erbringt, muss von den Kunden alle Informationen einholen über Kenntnisse und Erfahrungen der Kunden in Bezug auf Geschäfte mit bestimmten Arten von Finanzinstrumenten oder Wertpapierdienstleistungen, über die Anlageziele der Kunden und über ihre finanziellen Verhältnisse, die erforderlich sind, um den Kunden ein für sie geeignetes Finanzinstrument oder eine für sie geeignete Wertpapierdienstleistung empfehlen zu können. Die Geeignetheit beurteilt sich danach, ob das konkrete Geschäft, das dem Kunden empfohlen wird, oder die konkrete Wertpapierdienstleistung im Rahmen der Finanzportfolioverwaltung den Anlagezielen des betreffenden Kunden entspricht, die hieraus erwachsenden Anlagerisiken für den Kunden seinen Anlagezielen entsprechend finanziell tragbar sind und der Kunde mit seinen Kenntnissen und Erfahrungen die hieraus erwachsenden Anlagerisiken verstehen kann. Erlangt das Wertpapierdienstleistungsunternehmen die erforderlichen Informationen nicht, darf es im Zusammenhang mit einer Anlageberatung kein Finanzinstrument empfehlen oder im Zusammenhang mit einer Finanzportfolioverwaltung keine Empfehlung abgeben.

WpHG (Auszug)

Fortsetzung auf der nächsten Seite

2.03

Fortsetzung

b) **Wesen des Investmentfonds**

- Investmentfonds sind von einer Kapitalanlagegesellschaft verwaltete Sondervermögen, die für Rechnung der Anleger verwaltet werden und bei denen die Anleger das Recht zur Rückgabe der Anteile haben (§ 2 InvG).
- Investmentfonds bündeln das Geld vieler (auch kleiner) Anleger und investieren dieses Geld in Aktien, Anleihen und / oder anderen Anlageformen.
- Es erfolgt eine Vermögensanlage nach dem Grundsatz der Risikomischung, die von Experten verwaltet wird.
- Der Anleger legt sein Geld bei einer Kapitalanlagegesellschaft an; der Anleger wird damit Anteilinhaber am Sondervermögen der Kapitalanlagegesellschaft.
- Die Kapitalanlagegesellschaft verwaltet das Sondervermögen und investiert dieses Geld – gemäß ihrer Anlagepolitik – auf den Kapital-/ Immobilien- oder Geldmärkten.
- Mit der Verwahrung des Sondervermögens muss ein anderes Kreditinstitut beauftragt werden (Depotbank). Dieses gibt auch die Anteilscheine aus, bzw. nimmt sie zurück.

<u>Beteiligte:</u>

Beteiligte:	Merkmale / Aufgaben
Anleger:	– Miteigentümer am Sondervermögen nach Bruchteilen – Anspruch auf Ertragsbeteiligung – Rückgaberecht der Anteilscheine
Kapitalanlage-gesellschaft (KAG)	– Verwaltung des Sondervermögens – Anlage des zur Verfügung gestellten Geldes im eigenen Namen, aber für gemeinschaftliche Rechnung der Anleger – Ausstellung (und Ausgabe) der Anteilscheine für die Anleger – Erstellung und Veröffentlichung eines Jahresberichtes (Vermögensaufstellung, getätigte Käufe und Verkäufe, Ertrags- und Aufwandsrechnung u. a.)
Depotbank	– Verwahrung und Verwaltung der Wertpapiere – an Weisungen der KAG gebunden (im Rahmen der Vertragsbedingungen / Gesetze) – Führung der Konten – Ausgabe und Rücknahme der Anteilscheine sowie börsentägliche Berechnung des Wertes der Anteilscheine – Durchführung der Ertragsausschüttung – Kontrolle der KAG

Fortsetzung auf der nächsten Seite

2.03

Fortsetzung

c) **Vorteile eine Geldanlage in Investmentfonds**

- Anteile am Investmentfonds können bereits mit kleinen Anlagebeträgen erworben werden.
- Ein professionelles Fondsmanagement analysiert den Markt / die Märkte und verwaltet das Sondervermögen, d. h. der Anleger hat nach der Entscheidung für einen bestimmten Fonds nur noch einen relativ geringen „Betreuungsaufwand" für diese Geldanlage. Die Fondsmanager allein entscheiden – im Rahmen der gesetzlichen Vorgaben – in welche Werte investiert wird.
- Durch die Risikostreuung (Verteilung des Vermögens auf verschiedene Wertpapiere) schlägt sich der z. B. Kursrückgang eines Papiers nur in geringem Umfang auf das Gesamtvermögen nieder.
- Der Sicherheitsaspekt bei der Geldanlage in Investmentfonds ist recht groß: die Vorschriften des Investmentgesetzes über die Anlage- und Ausschüttungspolitik und die vorgeschriebene Einschaltung einer Depotbank, die die Wertpapiere verwahrt und verwaltet, gibt dem Anleger zusätzlich Sicherheit.
- Wegen der gesetzlich vorgeschrieben Rücknahmeverpflichtung müssen Fondsanteile von der Kapitalanlagegesellschaft jederzeit zurückgenommen werden.

d) **Nachteile**

- Durch den Ausgabeaufschlag und den Rücknahmeabschlag können zusätzliche Kosten entstehen.
- Außerdem fallen Verwaltungsgebühren für das Fondsmanagement an.
- Auch wenn die Ertragsschwankungen nicht so groß sind wie bei einer Anlage in Einzelwerten, sind Schwankungen durchaus möglich.

e) **Kauf von Investmentanteilen (Berechnung):**

Stück	Werte	Preis pro Stück in EUR	Kurswert in EUR
15.000	Löwer Aktien	27,20	408.000
27.000	Filamia Aktien	45,80	1.236.600
97.000	REV-Aktien	12,70	1.231.900
102.000	weitere Aktien		3.841.400
		SUMME:	6.717.900

  6.717.900,00 EUR (heutiges Wertpapiervermögen)
\+ 470.000,00 EUR (Bankguthaben)
– 54.000,00 EUR (Fondsverbindlichkeiten)
= 7.133.900,00 EUR Inventarwert des Fonds

7.133.900,00 EUR : 370.000 Anteile = 19,28 EUR Inventarwert je Anteil.

Berechnung des Verkaufspreises:

Inventarwert je Anteil + 4 % Ausgabeaufschlag = Verkaufspreis des Fondsanteils
19,28 EUR + 4 % = 19,28 EUR + 0,77 EUR = 20,05 EUR

20.000,00 EUR (zu investierendes Vermögen) : 20,05 EUR (Inventarwert je Anteil) = 997,50623

Frau Nordhorn kann **997,50623** Anteile erwerben.

Fortsetzung auf der nächsten Seite

2.03

Fortsetzung

f) **Wesen des Investmentsparens:**

- Das regelmäßige Sparen auf einem Investment-Anlagekonto unterstützt einen systematischen Vermögensaufbau.
- Hierbei kann der Anleger auf ein bei der Kapitalanlagegesellschaft geführtes Anlagekonto regelmäßig oder unregelmäßig Geld in gleichbleibender oder wechselnder Höhe anlegen.

g) **Vorteile des Investmentsparens**

- i. d. R. fallen keine oder niedrige Depot- und Kontoführungsgebühren an.
- bei bestimmten Fonds können vermögenswirksame Leistungen eingebracht werden.
- bei bestimmten Aktienfonds ist eine staatliche Förderung möglich (Arbeitnehmersparzulage).
- Nutzung des Cost-Average-Effekts:
  - Die regelmäßige Investition eines festen Betrages führt immer zu einem günstigeren Durchschnittspreis (im Vergleich zu einem sogenannten Anteilskäufer).
  - Begründung: bei einem Investmentsparplan mit gleichbleibenden Einzahlungen erwirbt der Kunde mehr Fondsanteile, wenn der Anteilspreis niedrig ist und weniger Fondsanteile, wenn der Anteilspreis hoch ist (Cost-Average-Effekt).
  - Langfristig wird demzufolge ein günstigerer Durchschnittserwerbspreis erzielt.

Beispiel:

Monat	**Ausgabepreis:**	**Anteilskäufer: monatlicher Kauf von 5 Anteilen**	**Betragskäufer: monatliche Anlage von 350,00 EUR)**
Mai	45,00 EUR	5 · 45,00 = 225,00 EUR	350 : 45 = 7,78 Anteile
Juni	60,00 EUR	5 · 60,00 = 300,00 EUR	350 : 60 = 5,83 Anteile
Juli	50,00 EUR	5 · 50,00 = 250,00 EUR	350 : 50 = 7 Anteile
		15 Anteile/775,00 EUR Ø-Preis: 51,67 EUR	1050 EUR/20,61 Anteile Ø-Preis: 50,95 EUR

2.04

a)

aa) **Rechte des Inhabers einer Optionsanleihe**

- Recht auf jährliche Zinszahlung in Höhe von 3,75 %
- Recht auf Rückzahlung der Anleihe zum Nennwert am Ende der Laufzeit von 10 Jahren
- Recht auf den Bezug von Aktien der Gartenbank AG (Optionsrecht)

ab) **Nominalwert der Optionsanleihe**

- Die Optionsschuldverschreibung wird den Aktionären im Verhältnis 5:1 zum Bezug angeboten. Das so angegebene Bezugsverhältnis ist ein Nennwertverhältnis, d. h. es drückt aus, wie viel EUR Aktiennennwert zum Bezug eines bestimmten Nennwertes der Optionsschuldverschreibung berechtigen. Das Bezugsverhältnis von 5:1 bedeutet, dass die Kundin je 500 EUR Aktiennennwert Optionsanleihen im Nennwert von 100 EUR (Mindeststückelung) beziehen kann.
- Die Kundin verfügt über 500 Stück Aktien mit einem Nennwert von 5 EUR / Stück, also über 500 · 5 = 2.500 EUR Aktiennennwert.
- Ein Aktiennennwert von 2.500 EUR berechtigt zum Bezug von (2.500 : 500 =) 5 Anleihen zu je 100 EUR Nennwert, also zum Bezug von 500 EUR Nennwert der Optionsanleihe.

b)

ba) **Wert der Optionsanleihe m. O.**

Da jede Optionsanleihe m. O. im Nennwert von 100 EUR zwei Optionsscheine enthält, setzt sich der Kurs der Optionsanleihe m. O. aus dem Kurs der Optionsanleihe o. O. und dem Kurs der zwei Optionsscheine zusammen.

Optionsanleihe m. O. = Kurswert der Optionsanleihe o. O. + 2 · Kurs des Optionsscheins
Optionsanleihe m. O. = 100 EUR · 79 % + 2 · 90 EUR
Optionsanleihe m. O. = 79 EUR + 180 EUR
Optionsanleihe m. O. = 259 EUR bzw. bezogen auf 100 EUR Nennwert = 259 %

Kurswert des Gesamtbestandes = Nennwert · Kurs
Kurswert des Gesamtbestandes = 500 EUR · 259 %
Kurswert des Gesamtbestandes = 1.295 EUR

bb) **Anzahl der Aktien der Gartenbank AG**

- Da die Kundin pro 100 EUR Nennwert der Optionsanleihe m. O. über 2 Optionsscheine verfügt, besitzt sie insgesamt 5 · 2 = 10 Optionsscheine.
- Für den Optionsschein gilt ein Bezugsverhältnis von 1 : 1, d. h. jeder Optionsschein berechtigt zum Bezug von einer Aktie. Die Kundin kann mit ihren 10 Optionsscheinen 10 Aktien der Gartenbank AG beziehen.

Fortsetzung auf der nächsten Seite

2.04

Fortsetzung

c)

ca) **Ausübung der Optionsrechte**

Um Aktien der Gartenbank AG zu erwerben, könnte Frau Anelli einerseits ihre Optionsrechte ausüben oder andererseits die Optionsrechte verkaufen und mit dem Erlös die Aktien direkt an der Börse erwerben. Die Entscheidung für eine der Alternativen hängt von deren finanziellen Aufwand ab.

Ausübung der Optionsrechte	**Verkauf der Optionsscheine und Verwendung des Erlöses zum Kauf der Aktien an der Börse**
Bezug von 10 Aktien unter Zuzahlung von 170 EUR pro Stück	Verkauf von 10 Optionsscheinen an der Börse, Kauf von 10 Aktien an der Börse
Aufwand = 10 · 170 Aufwand = 1.700 EUR	Aufwand = Kaufpreis Aktien – Erlös Optionsscheine Aufwand = (10 · 250) – (10 · 90) Aufwand = 2.500 – 900 Aufwand = 1.600
	Aufwand ist um 100 EUR geringer.

Entscheidet sich die Kundin bei den momentanen Börsenkursen für den Direkterwerb der Aktien an der Börse, spart sie im Vergleich zur Ausübung ihrer Optionsrechte 100 EUR.

Die finanzielle Vorteilhaftigkeit der einen oder anderen Alternative kann auch über den Zeitwert (das Aufgeld, das Agio) des Optionsscheines ermittelt werden.
Für die Berechnung des Zeitwertes gibt es zwei Möglichkeiten:

Zeitwert = Kurs des Optionsscheines – Innerer Wert
Innerer Wert = Aktienkurs – Bezugspreis
Innerer Wert = 250 – 170
Innerer Wert = 80 EUR
Zeitwert = 90 – 80
Zeitwert = 10 EUR

oder

Zeitwert = Aufwand für den Erwerb der Aktien auf dem Umweg über den Optionsschein – Aufwand für den Direkterwerb der Aktie an der Börse
Zeitwert = (Kurs Optionsschein + Bezugspreis) – Aktienkurs
Zeitwert = (90 + 170) – 250
Zeitwert = 10 EUR

Der Zeitwert des Optionsscheines von 10 EUR sagt aus, dass der Erwerb der Aktie über den Optionsschein zurzeit 10 EUR teurer ist als der Direkterwerb der Aktie an der Börse.

Die Kundin besitzt 10 Optionsscheine mit einem Zeitwert von 10 EUR / Stück, d. h. die Ausübung ihrer Optionsscheine ist zurzeit 10 · 10 = 100 EUR teurer als der Direkterwerb der Aktien an der Börse.

Fortsetzung auf der nächsten Seite

2.04

Fortsetzung ca)

Der Zeitwert wird oft auch in % des Aktienkurses ausgedrückt, in diesem Fall 4 %.

$$\text{Zeitwert in \%} = \frac{\text{Zeitwert in EUR} \cdot 100}{\text{Aktienkurs}}$$

$$\text{Zeitwert in \%} = \frac{10 \cdot 100}{250}$$

Zeitwert in % = 4 %

cb) **Hebelwirkung des Optionsscheines**

Frau Anelli kann die Aktien der Gartenbank AG entweder durch Ausübung ihrer Optionsscheine oder direkt an der Börse erwerben. Der Kurs des Optionsscheines ist demnach abhängig vom aktuellen Aktienkurs des Basiswertes.
Da der Kurs des Optionsscheines um ein Vielfaches geringer ist als der Aktienkurs, kann ein Anleger mit einem geringeren Kapitaleinsatz für den Optionsschein an der Kursentwicklung des Basiswertes teilnehmen.
Der Hebel des Optionsscheines ist das Verhältnis von Aktienkurs und Kurs des Optionsscheins und sagt aus, um das Wievielfache der Kursschwankung der Aktie der Kurs des Optionsscheines schwankt.

$$\text{Hebel} = \frac{\text{Kurs der Aktie}}{\text{Kurs des Optionsscheines}}$$

$$\text{Hebel} = \frac{250}{90}$$

Hebel = 2,8

Der berechnete Hebel von 2,8 bedeutet, dass wenn der Aktienkurs um z. B. 20 % auf 300 EUR steigt, erwartet wird, dass der Kurs des Optionsscheines um das 2,8-Fache, also 20 % · 2,8 = 56 %, auf 140,40 EUR steigt.

Da der Hebel nicht nur in positiver, sondern auch in negativer Richtung wirkt, ist eine Anlage in Optionsscheinen umso spekulativer, je größer der Hebel ist.

Aufgrund der Hebelwirkung des Optionsscheines sind die Anleger bereit, für den Optionsschein ein Aufgeld zu zahlen (siehe Erläuterungen zum Zeitwert unter a)).

d) Genussscheine sind Wertpapiere, die sowohl Gläubigerrechte (Recht auf Zinszahlung, Recht auf Rückzahlung) als auch Vermögensrechte (Beteiligung am Unternehmensgewinn, Verlustbeteiligung) beinhalten können und sind somit eine Mischform aus Schuldverschreibungen und Aktien. Für die Ausgestaltung gibt es keine Vorschriften, sie wird allein vom Emittenten festgelegt.

Optionsgenussscheine sind Genussscheine, die Optionsrechte verbriefen. Die Optionsrechte können wie bei der Optionsschuldverschreibung von der Schuldverschreibung getrennt und separat als Optionsscheine gehandelt werden.

Hinweis:

In Deutschland stammt der größte Teil der emittierten Genussscheine von Geschäftsbanken. Für die kann das Genussscheinkapital bei entsprechender Ausgestaltung als haftendes Eigenkapital anerkannt werden und so der Stärkung der Kreditvergabebasis dienen. Vorteil gegenüber der Ausgabe junger Aktien ist, dass die Genussscheingläubiger kein Mitspracherecht haben und keine Änderung der Anteilsverhältnisse erfolgt.

2.05

a)

aa) **Besonderheiten eines Dachfonds**

- Dachfonds legen die ihnen zufließenden Mittel in Investmentzertifikaten anderer Investmentgesellschaften an.
- Dadurch wird eine wesentlich höhere Risikostreuung erzielt als bei Aktien- oder Rentenfonds, die ihre Mittel direkt in Aktien oder Anleihen investieren.
- Fonds, in die ein Dachfonds investiert, können z. B. Europäische Aktienfonds, Internationale Aktienfonds, Länderaktienfonds, EUR-Rentenfonds oder andere sein.

ab) **Thesaurierungsfonds**

- Bei thesaurierenden Fonds findet keine Ertragsausschüttung an die Anteilseigner statt.
- Die Erträge verbleiben im Fondsvermögen, was zu einem Zinseszinseffekt führt.

ac) **Ermittlung von Ausgabe- und Rücknahmepreisen**

Ein Fondsvermögen setzt sich zusammen aus dem Wertpapiervermögen

\+ Bankguthaben

\+ Sonstiges Vermögen

– Fondsverbindlichkeiten.

- Der Rücknahmepreis (= Inventarwert je Anteil) wird ermittelt, indem man das Fondsvermögen durch die im Umlauf befindlichen Anteile dividiert.
- Der Ausgabepreis setzt sich zusammen aus dem Rücknahmepreis zuzüglich eines Ausgabeaufschlags.

b)

ba) **Bonitätsrisiko bei Rentenpapieren**

- Das Bonitätsrisiko ist die Zahlungsunfähigkeit eines Emittenten, d. h. eine mögliche vorübergehende oder tatsächliche Unfähigkeit zur Erfüllung der Zins- und Tilgungsverpflichtungen.
- Die Bonität eines Emittenten kann sich auf Grund von Entwicklungen im gesamtwirtschaftlichen oder unternehmensspezifischen Umfeld während der Laufzeit einer Anleihe ändern.
- Ursachen hierfür können verschiedene Faktoren sein:
  konjunkturelle Veränderungen,
  Veränderungen, die ihre Ursache in einzelnen Unternehmen oder Branchen haben,
  politische Entwicklungen mit starken wirtschaftlichen Auswirkungen.
- Durch die genannten Faktoren steigt das Risiko, dass Zinszahlungen und / oder die Rückzahlung nicht mehr oder nur teilweise erbracht werden.
- Je niedriger die Bonität eines Emittenten ist, desto höhere Zinsen muss er als Risikoausgleich anbieten.
- Verschlechtert sich die Bonität eines Emittenten während der Laufzeit, fällt in der Regel der Kurs der Anleihe. Das Bonitätsrisiko liegt tendenziell umso höher, je länger die Restlaufzeit der Anleihe ist.

Fortsetzung auf der nächsten Seite

2.05

Fortsetzung

bb) **Kursrisiko bei Änderung des Zinsniveaus am Kapitalmarkt**

- Dieses Risiko kann bei vorzeitiger Rückgabe der Papiere auftreten.
- Es gilt, dass bei steigenden Kapitalmarktzinsen der Kurs der Anleihe sinkt.
- Ursache hierfür ist, dass die „Alt-Papiere" weniger attraktiv sind, als neu emittierte Anleihen (die dann einen höheren Nominalzins haben).
- Je länger die Restlaufzeit der Anleihe ist, desto größer wird der Kursverlust sein.

bc) **Weitere Risiken**

Allgemeines Marktrisiko:

- Gefahr einer allgemein rückläufigen Entwicklung des Aktienmarktes (unabhängig von der Situation eines einzelnen Unternehmens).
- Dieses kann zu negativen Kursentwicklungen führen bzw. dazu, dass Dividenden in gewinnschwachen Jahren gekürzt werden.

Fondsmanagement:

- Da die Entscheidung über die Auswahl der Werte in einem Fonds das Fondsmanagement trifft, besteht hier die Gefahr von Fehlentscheidungen des Fondsmanagements.

Währungsrisiko:

- Wird ein Fonds in einer fremden Fondswährung notiert, dann enthält er höchstwahrscheinlich auch die entsprechenden ausländischen Anleihen. Wenn man als Euro-Anleger sein Geld in einer ausländischen Währung verleiht und es am Ende der Laufzeit wieder in Euro zurücktauscht, dann geht man ein Währungsrisiko ein, da die Wechselkurse beider Umtauschaktionen höchstwahrscheinlich nicht identisch sein werden.

c) **Erträge beim Aktien- und Rentenfonds**

- Erträge bei einem Rentenfonds ergeben sich durch die laufende Verzinsung der Anleihen und durch Kursgewinne bei sinkenden Marktzinsen.
- Erträge bei einem Aktienfonds setzen sich zusammen aus Dividenden, Kursgewinnen und Bezugsrechterlösen.

Fortsetzung auf der nächsten Seite

2.05

Fortsetzung

d) **Ausgabeaufschlag**

- Beim Kauf eines Fonds sollte auch die geplante Haltedauer darüber entscheiden, ob man einen Fonds mit oder ohne Ausgabeaufschlag kaufen will.
- Der Ausgabeaufschlag ist eine einmalige Gebühr, die (jedes Mal) beim Erwerb von Fondsanteilen anfällt.
- Die Höhe des Ausgabeaufschlags ist unterschiedlich und wird von der Kapitalanlagegesellschaft festgesetzt.
- Bei Fonds mit einem hohen Ausgabeaufschlag fallen die jährlichen Kosten im Allgemeinen niedriger aus als bei einem Fonds ohne Ausgabeaufschlag (»no-load-fonds« oder »trading-fonds« genannt).
- Bei langer Haltedauer über mehrere Jahre kann es sich also lohnen, den Anfangsverlust durch den Ausgabeaufschlag in Kauf zu nehmen.
- Sollte man frühzeitig allerdings den Fonds verkaufen wollen oder müssen, ist das Agio auf jeden Fall verloren.

Für den vorliegenden Fall gilt folgende Berechnung:

Laufzeit des Fonds (in Jahren)	**Gesamtkosten (in % p. a.)** Fonds 1a Ausgabeaufschlag: 2,75 % Verwaltungskosten: 0,65 % p. a.	**Gesamtkosten (in % p. a.)** Fonds 1b Verwaltungskosten: 1,25 %
1	3,40	1,25
2	4,05	2,50
3	4,70	3,75
4	5,35	5,00
5	6,00	6,25
6	6,65	7,50

In den ersten 4 Jahren verursacht Fonds 1a mehr Gesamtkosten als der No-load Fonds (1b). Ab dem 5. Jahr würden mit dem Fonds 1a weniger Gesamtkosten entstehen.

e) Indexfonds versus aktiv gemanagter Fonds

- Das Fondsvermögen bei einem Indexfonds setzt sich aus einem bestimmten Index zusammen (z. B. Dow Jones ETF, DAX ETF).
- Die Wertentwicklung des Fonds orientiert sich primär an der Entwicklung des Indexes.
- Deshalb sind die Aufgaben des Fondsmanagements lediglich darauf ausgerichtet, dass das Fondsvermögen an den Referenzindex angepasst wird, denn die Auswahl der Papiere ist durch den Index vorgegeben.
- Da der Aufgabenbereich des Managements gering ist (passive Anlagestrategie), sind die Verwaltungskosten bei einem Indexfonds niedriger als bei aktiv verwalteten Fonds.
- Bei aktiv verwalteten Fonds kommt dem Fondsmanagement eine tragende Rolle zu.
- Die Fondsmanager müssen den Markt analysieren und kaufen dann die Werte, die ihrer Meinung nach am erfolgversprechendsten sind.
- Ziel ist, eine höhere Wertentwicklung zu erzielen, als beim Referenzindex.

2.06

a) **Stammaktien**

- Aktien verbriefen Teilhaberrechte an einer Aktiengesellschaft.
- Stammaktien verbriefen alle satzungsmäßigen und gesetzlichen Aktionärsrechte, z. B. das Recht auf Gewinnbeteiligung und das Stimmrecht auf der Hauptversammlung. Im Gegensatz dazu sind Vorzugsaktien mit Vorrechten ausgestattet, meist in Form der stimmrechtslosen Vorzugsaktien, die eine höhere Dividende bei fehlendem Stimmrecht bieten. (§§ 11, 139 – 141 AktG).
- Namensaktien können nur durch Einigung und Übergabe der indossierten Aktie übertragen werden; der Aktionär ist mit seinem Namen, Wohnort und Beruf im Aktienbuch der Gesellschaft eingetragen, der Vorteil gegenüber Inhaberaktien besteht in der Möglichkeit der direkten Kontaktaufnahme der Gesellschaft zu ihren Aktionären und dem Zugang zu internationalen Kapitalmärkten, an denen Namensaktien üblich sind.
- Stückaktien weisen keinen Nennbetrag auf. Sie verbriefen die Beteiligung am Grundkapital der Gesellschaft zu einem Bruchteil, für den ein rechnerischer Nennwert ermittelt werden kann, indem das Grundkapital durch die Anzahl der Aktien dividiert wird. Im Gegensatz dazu wird bei Nennwertaktien der Anteil am Grundkapital in EUR pro Stück angegeben.

b) **Greenshoe**

- Der "Greenshoe" ist eine Vereinbarung zwischen der Hotel AG als Emittenten und der Gartenbank als Emissions-Kreditinstitut. Mehrzuteilungen vorzunehmen, wenn die Nachfrage das vorgesehene Emissionsvolumen erheblich übersteigt.
- Der Platzierungspreis der Greenshoe-Aktien entspricht dem Kurs für die übrigen Aktien der Emission.
- Der Greenshoe dient auch der Kursstabilisierung im Zeitraum unmittelbar nach Aufnahme des Börsenhandels der emittierten Aktien.

c) **Funktion des Kreditinstituts beim Aktienverkauf**

- Der Verkauf der Aktien (Emission) erfolgt als Fremdemission, wobei die Hotel AG die Leistungen der Gartenbank AG in Anspruch nimmt.
- Wenn mehrere Banken an einer Emission beteiligt sind, spricht man von einem Emissionskonsortium.

Vorteile einer Fremdemission für die Hotel AG

- Banken können aufgrund ihrer Finanzkraft den Gegenwert einer Emission schneller und sofort bereitstellen.
- Die Bank stellt ihre Organisation, ihr Vertriebssystem, Kundenkontakte und Erfahrung zur Verfügung.
- Die Bonität der Emissionsbank überträgt sich auf das Unternehmen.
- Die Banken übernehmen Verwaltungsaufgaben (Prospekterstellung, Börsenzulassung).

Fortsetzung auf der nächsten Seite

2.06

Fortsetzung

d) **Preisfindungsverfahren**

- Bookbuildingverfahren
- Bieterverfahren, bei dem die Anleger innerhalb einer vorgegebenen Preisspanne von in diesem Fall 7,50 bis 9,00 EUR (Bookbuilding-Spanne) Gebote für die Aktien bei der Gartenbank AG abgeben können. Neben der Stückzahl muss der maximale Preis angegeben werden, den der Anleger für eine Aktie zahlen will. Am Ende des Bookbuilding-Verfahrens ermittelt die Gartenbank AG als Emissionsbank aus der Gesamtzahl der Angebote den endgültigen Emissionspreis, zu dem die Aktie ausgegeben wird.
- Die Bookbuilding-Spanne selbst entsteht aus Beratungen zwischen der Hotel AG und der Gartenbank AG. Sie orientiert sich an der Börsenbewertung bereits notierter Konkurrenzunternehmen.

e) **Zuteilung von Aktienemission**

Die Hotel AG als Emittent ist gemäß den „Grundsätzen für die Zuteilung von Aktienemissionen an Privatanleger" verpflichtet, nach der Zuteilung folgende Angaben zu veröffentlichen:

- prozentualer Anteil des Emissionsvolumens, der Privatanlegern zugeteilt wurde
- prozentualer Anteil des Emissionsvolumens, der im Rahmen eines Friends and Family-Programmes zugeteilt wurde
- die für die Zuteilung an Privatanleger angewendeten Verfahren
- die Ausübung des Greenshoes

f)

fa) **Beratungsprotokoll**

- Kreditinstitute müssen den Inhalt von Beratungsgesprächen umfangreich protokollieren.
- Dieses Protokoll muss den Inhalt des Gesprächs wiedergeben, d. h. es enthält Informationen über den Anlass der Beratung und auf wessen Initiative es zustande kam, die Dauer des Gesprächs (da sie einen Hinweis auf die Qualität der Beratung geben kann), die persönliche Situation des Kunden, seine Wünsche, seine Anlageziele, seine Erfahrungen mit Wertpapieren bzw. Kenntnisse des Finanzmarktes sowie seine finanziellen Verhältnisse.
- Weiter müssen die Bankmitarbeiter dokumentieren, welche Produkte sie dem Kunden empfehlen und aus welchem Grund sie bestimmte Produkte für die jeweiligen Anlageziele des Kunden für geeignet halten. Im Protokoll sollte zudem festgehalten werden, welche Informationen zu den Produkten dem Kunden zur Verfügung gestellt worden sind (z. B. Flyer, Emissionsprospekte etc.).
- Außerdem ist das Kreditinstitut verpflichtet, dem Kunden die entstehenden Gebühren und erhaltenen Provisionen offenzulegen. Bei einer telefonischen Beratung gelten gesonderte Bedingungen.

Fortsetzung auf der nächsten Seite

2.06

Fortsetzung

§ 34 Aufzeichnungs- und Aufbewahrungspflicht

(1) Ein Wertpapierdienstleistungsunternehmen muss, unbeschadet der Aufzeichnungspflichten nach den Artikeln 7 und 8 der Verordnung (EG) Nr. 1287/2006, über die von ihm erbrachten Wertpapierdienstleistungen und Wertpapiernebendienstleistungen sowie die von ihm getätigten Geschäfte Aufzeichnungen erstellen, die es der Bundesanstalt ermöglichen, die Einhaltung der in diesem Abschnitt geregelten Pflichten zu prüfen.

(2) Das Wertpapierdienstleistungsunternehmen hat Aufzeichnungen zu erstellen über Vereinbarungen mit Kunden, die die Rechte und Pflichten der Vertragsparteien sowie die sonstigen Bedingungen festlegen, zu denen das Wertpapierdienstleistungsunternehmen Wertpapierdienstleistungen oder Wertpapiernebendienstleistungen für den Kunden erbringt. (...)

(2a) Ein Wertpapierdienstleistungsunternehmen muss über jede Anlageberatung bei einem Privatkunden ein schriftliches Protokoll anfertigen. Das Protokoll ist von demjenigen zu unterzeichnen, der die Anlageberatung durchgeführt hat; eine Ausfertigung ist dem Kunden unverzüglich nach Abschluss der Anlageberatung, jedenfalls vor einem auf der Beratung beruhenden Geschäftsabschluss, in Papierform oder auf einem anderen dauerhaften Datenträger zur Verfügung zu stellen. Wählt der Kunde für Anlageberatung und Geschäftsabschluss Kommunikationsmittel, die die Übermittlung des Protokolls vor dem Geschäftsabschluss nicht gestatten, muss das Wertpapierdienstleistungsunternehmen eine Ausfertigung des Protokolls dem Kunden unverzüglich nach Abschluss der Anlageberatung zusenden. In diesem Fall kann der Geschäftsabschluss auf ausdrücklichen Wunsch des Kunden vor Erhalt des Protokolls erfolgen, wenn das Wertpapierdienstleistungsunternehmen dem Kunden für den Fall, dass das Protokoll nicht richtig oder nicht vollständig ist, ausdrücklich ein innerhalb von einer Woche nach dem Zugang des Protokolls auszuübendes Recht zum Rücktritt von dem auf der Beratung beruhenden Geschäft einräumt. Der Kunde muss auf das Rücktrittsrecht und die Frist hingewiesen werden. Bestreitet das Wertpapierdienstleistungsunternehmen das Recht zum Rücktritt nach Satz 4, hat es die Richtigkeit und die Vollständigkeit des Protokolls zu beweisen.

(2b) Der Kunde kann von dem Wertpapierdienstleistungsunternehmen die Herausgabe einer Ausfertigung des Protokolls nach Absatz 2a verlangen.

(3) Alle nach diesem Abschnitt erforderlichen Aufzeichnungen sind mindestens fünf Jahre ab dem Zeitpunkt ihrer Erstellung aufzubewahren. Aufzeichnungen über Rechte und Pflichten des Wertpapierdienstleistungsunternehmens und seiner Kunden sowie sonstige Bedingungen, zu denen Wertpapierdienstleistungen und Wertpapiernebendienstleistungen erbracht werden, sind mindestens für die Dauer der Geschäftsbeziehung mit dem Kunden aufzubewahren. (...)

(5) Die Bundesanstalt veröffentlicht auf ihrer Internetseite ein Verzeichnis der Mindestaufzeichnungen, die die Wertpapierdienstleistungsunternehmen nach diesem Gesetz in Verbindung mit einer Rechtsverordnung nach Absatz 4 vorzunehmen haben.

Wertpapierhandelsgesetz – Auszug

fb) **Risiken der Aktienanlage**

zum Beispiel:

Basisrisiken

- Konjunkturrisiko
- Branchenrisiko

spezielle Risiken

- unternehmerisches Risiko (Insolvenz)
- Kursänderungsrisiko
- Dividendenrisiko

2.07

a)

aa) **Unterschiede zwischen Reguliertem Markt und Freiverkehr (Open Market)**

Mit Inkrafttreten des Finanzmarktrichtlinien-Umsetzungsgesetzes am 01.11.2007 werden Wertpapiere an der Frankfurter Wertpapierbörse entweder zum sogenannten Regulierten Markt oder zum Open Market (Freiverkehr) zugelassen.

Die Unterscheidung erfolgt anhand der Zulassungsvoraussetzungen, die vom Emittenten zu erfüllen sind.

Regulierter Markt

- Die notierten Aktien stammen häufig von namhaften und alteingesessenen Unternehmen, zumeist Konzerne mit Milliardenumsätzen; ihre Bonität ist erstklassig und ein Konkurs nahezu ausgeschlossen.
- Die Marktteilnehmer können davon ausgehen, dass amtlich gehandelte Aktien immer ge- und verkauft werden können, weil die Umsätze an jedem Börsentag ausreichend hoch sind.

Freiverkehr (Open Market)

- Handelsplatz für regionale, lokale und oft ausländische Unternehmen und in letzter Zeit Emissionsplattform für junge aufstrebende Unternehmen, die für die oberhalb des Freiverkehrs angesiedelten Segmente noch zu klein sind.
- Wenige Reglementierungen, z. B. keine Veröffentlichung des Verkaufsprospektes, keine Prospekthaftung, keine Mindestaktienanzahl, kein Mindeststreubesitz
- Risiken durch geringe Liquidität (i.d.R. niedrige Aktienumsätze) und geringe Transparenz (geringe Regularien)

ab) **Berechnung der Dividendenrendite und des KGV**

	Dividendenrendite = Dividende · 100 / Aktienkurs	KGV = Aktienkurs / Gewinn je Aktie
Hotel AG	3,3 %	6
Biotech AG	1,1 %	1,8

Fortsetzung auf der nächsten Seite

2.07

Fortsetzung

ac) **Dividendenrendite**

- Die Dividendenrendite wird – neben anderen Kriterien – zur Beurteilung der Rentabilität einer Aktienanlage herangezogen.
- Sie gibt die Verzinsung von investiertem Aktienkapital je Aktie an. Dabei gilt: Je höher die Dividendenrendite ist, desto rentabler ist die Aktie.
- Im vorliegenden Fall liegt die Dividendenrendite bei der Hotel-Aktie bei 3,3 %, d. h. das eingesetzte Kapital verzinste sich mit 3,3 % (bei der Biotech-Aktie lag die Dividendenrendite niedriger).
- Jedoch sollten die Aktien nicht ausschließlich wegen ihrer hohen Dividendenrendite gekauft werden. Denn die zuletzt gezahlte Dividende muss nicht für die Zukunft gelten.
- Deshalb ist zu analysieren, ob das Unternehmen auch künftig vergleichbare Dividenden zahlen kann.
- Die Dividendenrendite ermöglicht unter Heranziehung eines längeren Zeitraumes einen Einblick in die Stabilität von Kurs und Dividende (resultierend aus Unternehmensgewinnen) eines Unternehmens.
- Die daraus ermittelten Ergebnisse lassen sich dann mit der Branche oder dem Gesamtmarkt vergleichen. Sinkt z. B. die Rendite einer Aktie aufgrund steigender Kurse bei gleichbleibender Dividende, so kann man daraus einen Wachstumsprozess ableiten. Im Gegensatz dazu kann eine Renditesenkung auch auf eine Dividendenkürzung bei konstantem Kurs zurückgeführt werden, was auf eine Ertragsschwäche schließen lässt.
- Es zeigt sich aber, dass die Dividendenrendite für sich als Einzelgröße betrachtet, nicht zu einem aussagekräftigen Ergebnis führt. Zu einer aussagekräftigen Beurteilung müssen noch weitere Werte herangezogen werden, z. B. Vergleichszahlen des Marktes bzw. der Branche u. a..

ad) **Kurs-Gewinn-Verhältnis**

- Das Kurs-Gewinn-Verhältnis (KGV) drückt das Verhältnis zwischen dem Aktienkurs und dem erzielten Unternehmensgewinn je Aktie aus.
- Im Wesentlichen gibt die Kennzahl wieder, wie viele Jahre das Unternehmen benötigt, um den aktuellen Aktienkurs zu verdienen, unter der Prämisse eines konstant bleibenden Gewinns.
- Bei einem niedrigem KGV gilt die Aktie als günstig, bei einem hohen KGV als teuer. Allerdings können gewichtige fundamentale Ursachen (schlechte Ertragslage, miserables Management) für ein niedriges KGV verantwortlich sein. Einen normierten Maßstab für eine Beurteilung des KGVs gibt es nicht, denn abhängig von Börsensegment, Branche und Land ist die Spannweite für durchschnittliche KGVs sehr groß. Das KGV ist bei der Biotech-Aktie etwas besser.

Fortsetzung auf der nächsten Seite

2.07

Fortsetzung

ba) **Kommissionsgeschäft versus Festpreisgeschäft**

Kommissionsgeschäft:

- Gemäß Nr. 1 (2) der Sonderbedingungen für Wertpapiergeschäfte (siehe unten) schließt das Kreditinstitut bei einem **Kommissionsgeschäft** mit anderen Marktteilnehmern das Geschäft **im eigenen Namen auf Rechnung von Frau Winnig** ab oder das Kreditinstitut beauftragt einen anderen Kommissionär (= Zwischenkommissionär), ein Ausführungsgeschäft abzuschließen. Für den Kunden ist es nicht erkennbar, ob ein Zwischenkommissionär eingeschaltet wird.
- Das Kreditinstitut rechnet gegenüber der Kundin den Preis des Geschäfts ab und ist berechtigt, zusätzlich Entgelte und Kosten in Rechnung zu stellen (**Bruttoabrechnung**).
- Das Kreditinstitut muss die Weisungen der Kundin zum Ausführungsplatz (Börsenplatz) und zu Preisgrenzen beachten und den Abschluss des Ausführungsgeschäftes anzeigen.
- Der zur Zeit der Ausführung gültige Börsenkurs muss zugrunde gelegt werden.
- Das Kreditinstitut haftet für die ordnungsgemäße Erfüllung des Ausführungsgeschäftes.

Festpreisgeschäft:

- Gemäß Nr. 1 (3) der Sonderbedingungen schließt das Kreditinstitut bei einem Festpreisgeschäft mit ihren Kunden einen **Kaufvertrag**, in dem ein fester Preis vereinbart wird. Der Preis kann jedoch unabhängig vom Preis des Deckungsgeschäftes oder einer Börsennotierung frei vereinbart werden; er muss lediglich marktgerecht sein.
- Das Kreditinstitut kauft oder verkauft die Wertpapiere **im eigenen Namen und für eigene Rechnung.**
- Das Kreditinstitut übernimmt vom Kunden die Wertpapiere bzw. liefert die entsprechenden Wertpapiere an ihn als Verkäufer.
- Es erfolgt eine **Nettoabrechnung**, d. h. die Kosten sind im Preis enthalten.
- Gegenüber dem Kunden besteht keine Rechenschaftspflicht über das entsprechende Deckungsgeschäft.

Auszug aus den Sonderbedingungen für Wertpapiergeschäfte:

Diese Sonderbedingungen gelten für den Kauf oder Verkauf sowie für die Verwahrung von Wertpapieren, und zwar auch dann, wenn die Rechte nicht in Urkunden verbrieft sind (nachstehend: „Wertpapiere").

Geschäfte in Wertpapieren

1 Formen des Wertpapiergeschäfts

(1) Kommissions-/Festpreisgeschäfte
Bank und Kunde schließen Wertpapiergeschäfte in Form von Kommissionsgeschäften (2) oder Festpreisgeschäften (3) ab.

(2) Kommissionsgeschäfte
Führt die Bank Aufträge ihres Kunden zum Kauf oder Verkauf von Wertpapieren als Kommissionärin aus, schließt sie für Rechnung des Kunden mit einem anderen Marktteilnehmer oder einer Zentralen Gegenpartei ein Kauf- oder Verkaufsgeschäft (Ausführungsgeschäft) ab, oder sie beauftragt einen anderen Kommissionär (Zwischenkommissionär), ein Ausführungsgeschäft abzuschließen. Im Rahmen des elektronischen Handels an einer Börse kann der Auftrag des Kunden auch gegen die Bank oder den Zwischen kommissionär unmittelbar ausgeführt werden, wenn die Bedingungen des Börsenhandels dies zulassen.

Fortsetzung auf der nächsten Seite

2.07

Fortsetzung

(3) Festpreisgeschäfte
Vereinbaren Bank und Kunde miteinander für das einzelne Geschäft einen festen oder bestimmbaren Preis (Festpreisgeschäft), so kommt ein Kaufvertrag zustande; dementsprechend übernimmt die Bank vom Kunden die Wertpapiere als Käuferin, oder sie liefert die Wertpapiere an ihn als Verkäuferin. Die Bank berechnet dem Kunden den vereinbarten Preis, bei verzinslichen Schuldverschreibungen zuzüglich aufgelaufener Zinsen (Stückzinsen).

bb) **Gültigkeit des Kaufauftrags**

- Gemäß Nr. 6 der Sonderbedingungen für Wertpapiergeschäfte sind preislich limitierte Aufträge bis zum letzten Börsentag des laufenden Monats gültig.

bc) **Ausführung des Kaufauftrags**

Der Kaufauftrag konnte nicht ausgeführt werden.

05.11. Limit von 14,50 EUR wurde um 0,10 EUR überschritten.

06.11. Es fanden keine Abschlüsse statt. Zu diesem Preis bestand nur Nachfrage.

07.11. Limit von 14,50 EUR wurde um 0,05 EUR überschritten.

10.11. Order wurde gemäß Nr. 8 der Sonderbedingungen für Wertpapiergeschäfte gelöscht.

11.11. Order ist am 10.11. gelöscht worden.

c)

ca) **Verwahrung der Aktien**

- Die Hotel AG-Aktien werden im offenen Depot (Depotkonto) verwahrt, Grundlage ist das Depotgesetz.
- Als Verwahrart ist die Girosammelverwahrung (Drittverwahrung) bei der Clearstream Banking AG angegeben.
- Die Bank ist nach § 3 DepotG berechtigt, zur Verwahrung angenommene Wertpapiere von einem Dritten verwahren zu lassen, Regelfall ist die Verwahrung bei einer Wertpapiersammelbank wie der Clearstream Banking AG, einem Tochterunternehmen der Deutschen Börse AG.
- Die Girosammelverwahrung ist die gesetzliche Verwahrart gemäß § 5 DepotG, d. h. die Bank benötigt keine Einwilligung der Kundin, die Aktien in dieser Form zu verwahren.
- Frau Winnig hat Miteigentum nach Bruchteilen an dem dort eingetragenen Sammelbestand.
- Frau Winnig hat keinen Anspruch auf Auslieferung effektiver Stücke, da die Aktien in einer Globalurkunde verbrieft sind.

Fortsetzung auf der nächsten Seite

2.07

Fortsetzung

cb) **Verwaltungstätigkeiten im Rahmen der Depotverwahrung**

Grundlage ist der Depotvertrag zwischen Bank und Kundin mit Verweis auf die Einbeziehung der Sonderbedingungen für Wertpapiergeschäfte, insbesondere Nr. 13 – 20

- Depotauszug
- Einlösung von Wertpapieren (Zinsscheine, Dividendenscheine, Ertragsscheine, fällige Wertpapiere)
- Bogenerneuerung
- Benachrichtigung des Kunden bei Bezugs-, Umtausch- / Abfindungsangeboten
- Weiterleitung von Rechenschaftsberichten
- Dienstleistungen im Zusammenhang mit der Hauptversammlung (Eintrittskarten, Stimmrechtsvollmacht)

Fortsetzung auf der nächsten Seite

2.07

Fortsetzung

Sonderbedingungen für Wertpapiergeschäfte – Auszüge

1. Formen des Wertpapiergeschäfts

1.1 Kommissions-/ Festpreisgeschäfte

Bank und Kunde schließen Wertpapiergeschäfte in Form von Kommissionsgeschäften (1.2) oder Festpreisgeschäften (1.3) ab.

1.2 Kommissionsgeschäfte

Führt die Bank Aufträge ihres Kunden zum Kauf oder Verkauf von Wertpapieren als Kommissionärin aus, schließt sie für Rechnung des Kunden mit einem anderen Marktteilnehmer oder einer Zentralen Gegenpartei ein Kauf- oder Verkaufsgeschäft (Ausführungsgeschäft) ab, oder sie beauftragt einen anderen Kommissionär (Zwischenkommissionär), ein Ausführungsgeschäft abzuschließen. Im Rahmen des elektronischen Handels an einer Börse kann der Auftrag des Kunden auch gegen die Bank oder den Zwischenkommissionär unmittelbar ausgeführt werden, wenn die Bedingungen des Börsenhandels dies zulassen.

1.3 Festpreisgeschäfte

Vereinbaren Bank und Kunde miteinander für das einzelne Geschäft einen festen oder bestimmbaren Preis (Festpreisgeschäft), so kommt ein Kaufvertrag zustande; dementsprechend übernimmt die Bank vom Kunden die Wertpapiere als Käuferin, oder sie liefert die Wertpapiere an ihn als Verkäuferin. Die Bank berechnet dem Kunden den vereinbarten Preis, bei verzinslichen Schuldverschreibungen zuzüglich aufgelaufener Zinsen (Stückzinsen).

6. Gültigkeitsdauer von unbefristeten Kundenaufträgen

6.1 Preislich unlimitierte Aufträge

Ein preislich unlimitierter Auftrag gilt entsprechend den Ausführungsgrundsätzen (Punkt 2.) nur für einen Handelstag; ist der Auftrag für eine gleichtägige Ausführung nicht rechtzeitig eingegangen, so dass seine Berücksichtigung im Rahmen des ordnungsgemäßen Arbeitsablaufs nicht möglich ist, so wird er für den nächsten Handelstag vorgemerkt. Wird der Auftrag nicht ausgeführt, so wird die Bank den Kunden hiervon unverzüglich benachrichtigen.

6.2 Preislich limitierte Aufträge

Ein preislich limitierter Auftrag ist bis zum letzten Handelstag des laufenden Monats gültig (Monats-Ultimo). Ein am letzten Handelstag eines Monats eingehender Auftrag wird, sofern er nicht am selben Tag ausgeführt wird, entsprechend den Ausführungsgrundsätzen (Punkt 2.) für den nächsten Monat vorgemerkt. Die Bank wird den Kunden über die Gültigkeitsdauer seines Auftrags unverzüglich unterrichten.

8. Erlöschen laufender Aufträge

8.1 Dividendenzahlungen, sonstige Ausschüttungen, Einräumung von Bezugsrechten, Kapitalerhöhung aus Gesellschaftsmitteln

Preislich limitierte Aufträge zum Kauf oder Verkauf von Aktien an inländischen Ausführungsplätzen erlöschen bei Dividendenzahlung, sonstigen Ausschüttungen, der Einräumung von Bezugsrechten oder einer Kapitalerhöhung aus Gesellschaftsmitteln mit Ablauf des Handelstages, an dem die Aktien letztmalig einschließlich der vorgenannten Rechte gehandelt werden, sofern die jeweiligen Regelungen des Ausführungsplatzes ein Erlöschen vorsehen. Bei Veränderung der Einzahlungsquote teileingezahlter Aktien oder des Nennwertes von Aktien und im Falle des Aktiensplittings erlöschen preislich limitierte Aufträge mit Ablauf des Handelstages vor dem Tag, an dem die Aktien mit erhöhter Einzahlungsquote bzw. mit dem veränderten Nennwert bzw. gesplittet notiert werden.

8.2 Kursaussetzung

Wenn an einem inländischen Ausführungsplatz die Preisfeststellung wegen besonderer Umstände im Bereich des Emittenten unterbleibt (Kursaussetzung), erlöschen sämtliche an diesem Ausführungsplatz auszuführenden Kundenaufträge für die betreffenden Wertpapiere, sofern die Bedingungen des Ausführungsplatzes dies vorsehen.

8.3 Ausführung von Kundenaufträgen an ausländischen Ausführungsplätzen

Bei der Ausführung von Kundenaufträgen an ausländischen Ausführungsplätzen gelten insoweit die Usancen der ausländischen Ausführungsplätze.

8.4 Benachrichtigung

Von dem Erlöschen eines Kundenauftrags wird die Bank den Kunden unverzüglich benachrichtigen.

LF 2 — Grundlagen — 1.1/21

Erläutere das Prinzip von **Einzelkonten**.

Dipl.-Hdl. Simone Bittner

LF 2 — Vertrag zugunsten Dritter — 1.5/2

Beurteile den **Vertrag zugunsten Dritter** mit **sofortigem Gläubigerwechsel**.

Dipl.-Hdl. Simone Bittner

LF 2 — Geschäftskonten — 1.9/9

Kontoeröffnung für eine im entsprechenden Register **eingetragene Genossenschaft.**

a) Wie lautet die Kontobezeichnung?
b) Wer ist verfügungsberechtigt? (gesetzliche Regelung)
c) Wie erfolgt die Legitimation?

Dipl.-Hdl. Simone Bittner

LF 2 — Zahlungsverkehr — 2.1/24

Erläutere den **Scheckeinzug nach dem ISE-Verfahren**.

Dipl.-Hdl. Simone Bittner

LF 4 — Anlage auf Konten — 2.2/18

Erläutere die **Merkmale einer Nichtveranlagungsbescheinigung** (NV-Bescheinigung).

Dipl.-Hdl. Simone Bittner

LF 4 — Bausparen und VL — 2.3/12

Erläutere die Anlage der vermögenswirksamen Leistungen in **kapitalbildende Lebensversicherungen** und **Kontensparpläne** anhand folgender Merkmale:

(1) jährlicher Anlagehöchstbetrag
(2) staatliche Förderung
(3) Ansparzeit bzw. Sperrfrist

Dipl.-Hdl. Simone Bittner

LF 2 — Geschäftskonten — 1.9/9

Genossenschaftsregister

a) Name gemäß Eintragung in das Genossenschaftsregister (e.G.)

b) ▪ **alle Vorstandsmitglieder gemeinschaftlich** (**Gesamtvertretung** da Genossenschaft)
   ▪ ggfs. weitere Verfügungsberechtigte (z.B. Prokurist, Handlungsbevollmächtigter, Bevollmächtigter)

c) ▪ beglaubigter Auszug aus dem Genossenschaftsregister,
   ▪ ggfs. Satzung
   ▪ persönliche Legitimation des bzw. der Antragsteller(s)

LF 2 — Vertrag zugunsten Dritter — 1.5/2

(+) **Rechtlich eindeutig**, da die Schenkung bereits angenommen wurde und somit nicht mehr rückgängig gemacht werden kann.

(+) **Tod des Einzahlers**: Guthaben fällt nicht in die Erbmasse.

(-) Der Einzahler verliert mit Vertragsschluss das **Verfügungsrecht** über das Guthaben.

Beachte: **Eine Schenkung ist ein zweiseitiges Rechtsgeschäft (= Vertrag), welches nur einseitig verpflichtend ist!**

LF 2 — Grundlagen — 1.1/21

▪ **Ein Kontoinhaber** (natürliche, jurist. oder quasi-jurist. Person)

▪ **Legitimationsprüfung** des Kontoinhabers

▪ **Einzelverfügungsberechtigung**, d.h. der Kontoinhaber ist zur Kontoeröffnung, Kontoführung einschließl. Vollmachtserteilung und Kontoauflösung allein verfügungsberechtigt.

LF 4 — Bausparen und VL — 2.3/12

(1) **470,00 € p.a.**
(kapitalbildende Lebensversicherungen u. Kontensparen)

(2) **keine staatliche Förderung**
(kapitalbildende Lebensversicherungen u. Kontensparen)

(3) **Mindestvertragsdauer: 12 Jahre** (Ansparzeit = Sperrfrist)
(kapitalbildende Lebensversicherungen)

Ansparzeit: 6 Jahre
Sperrfrist: 7 Jahre ab 1.1. des Jahres der ersten Einzahlung (Kontensparen)

LF 4 — Anlage auf Konten — 2.2/18

▪ Ausstellung auf Antrag des Steuerpflichtigen durch dessen **Wohnsitz-Finanzamt** und anschließend Vorlage der NV-Bescheinigung beim KI.

▪ NV-Bescheinigung: **unbegrenzter Betrag**

▪ Geeignet für Personen, die keine/geringe Einkünfte aus anderen Einkunftsarten erhalten und somit von der Zahlung der Einkommensteuer befreit sind. Zudem erwarten sie Kapitalerträge über 801 € / 1.602 € (z.B. Kinder, Studenten, Rentner).

▪ Gültigkeit: **max. 3 Jahre**, dann Neubeantragung beim FA

LF 2 — Zahlungsverkehr — 2.1/24

ISE = **I**magegestützter **S**check-**E**inzug

▪ Scheckbetrag **ab 6.000 €** u. Bezogener muss inländ. KI sein
▪ **Originalscheck** bleibt bei **1. Inkassostelle** (Schecklagerstelle) (elektron. Archivierung: 10 Jahre, Orig.scheck **mind. 3 Jahre**)
▪ **Weiterleitung** der Scheckdaten + elektron. Abbild (= **Image**) über Dt. Buba an bezog. KI mit DFÜ/DTA (elektr. Aufbew. 10J.)

1. Inkasso erstellt ISE-Image u. ISE-Clearingdatensatz (aktive ISE-Pflicht).
Dt. Buba nimmt als Abrechnungs- u. Clearingstelle Daten auf.
bezog. KI holt im ExtraNet der Dt. Buba Imagedatensätze ab (passive ISE-Pflicht) u. kann im Zweifel Originalscheck von 1. Inkassostelle anfordern.

(+) Bezog. KI **kann** Scheck (inkl. Unterschrift) mit Image prüfen. Urkundenprozess u. scheckrechtl. Rückgriffsansprüche mögl.
(-) da Image-Weiterleitung: höherer Aufwand = höhere Kosten

2.08

a) **Bezugsangebot**

- Das abgebildete Angebot zum Bezug junger Aktien der Hotel AG ist die Folge einer beschlossenen Kapitalerhöhung gegen Einlagen (ordentliche Kapitalerhöhung), wobei es sich dabei um ein sogenanntes genehmigtes Kapital handelt.
- Eine Kapitalerhöhung wird mit ¾ Mehrheit des auf der Hauptversammlung anwesenden Grundkapitals beschlossen.
- In diesem Fall erfolgt die Kapitalerhöhung durch die Ausgabe junger Aktien gegen Bareinlage.
- Bei einer sogenannten genehmigten Kapitalerhöhung wird der Vorstand von der Hauptversammlung ermächtigt, innerhalb von 5 Jahren das Grundkapital um maximal 50 % zu erhöhen.
- Der Vorteil dieser Art der Kapitalerhöhung liegt darin, dass der Vorstand die Kapitalerhöhung relativ kurzfristig zu einem späteren günstigen Zeitpunkt (gute Kapitalmarktverhältnisse) durchführen kann.

b)

ba) **Handlungsalternativen zum Bezug der jungen Aktien**

- Bei einem Bezugsverhältnis von 6 : 1 können die Kunden mit jeweils 6 Bezugsrechten 1 junge Aktie beziehen.
- Die Familie besitzt 100 Stück der alten Aktien und verfügt somit über 100 Bezugsrechte.
- Die Anzahl der jungen Aktien, die mit den vorhandenen Bezugsrechten erworben werden können, ergibt sich durch Division der Anzahl der Bezugsrechte durch die Anzahl der für den Bezug einer jungen Aktie erforderlichen

  Bezugsrechte $\frac{100}{6}$ = 16,67 junge Aktien.
- Folgende Handlungsalternativen bestehen:

Vorschlag 1	Vorschlag 2
Bezug von 16 jungen Aktien	Bezug von 17 jungen Aktien
Ausübung von 16 · 6 = 96 Bezugsrechten	Zukauf von 2 Bezugsrechten
Verkauf der 4 restlichen Bezugsrechte	Ausübung von 17 · 6 = 102 Bezugsrechten

Fortsetzung auf der nächsten Seite

2.08

Fortsetzung

bb) **Bezugsabrechnung**

Rechnerischer Wert der Bezugsrechte $= \frac{\text{Kurs alte Aktie} - \text{Kurs junge Aktie}}{\text{Bezugsverhältnis} + 1}$

Rechnerischer Wert der Bezugsrechte $= \frac{25 - 20{,}50}{6 + 1}$

Rechnerischer Wert der Bezugsrechte = 0,64 EUR

Ausübung	96 BR	Bezugspreis	= 16 · 20,50 EUR	=	328,00 EUR
Verkauf	4 BR	Bezugsrechtserlös	= 4 · 0,64 EUR	= –	2,56 EUR
Kontobelastung					325,44 EUR

c)

ca) **Merkmale des DAX**

- Der DAX ist der Deutscher Aktienindex.
- Preisindex, mit dessen Hilfe die Kursentwicklung am Aktienmarkt vergleichbar gemacht wird.
- Er beinhaltet die 30 größten und umsatzstärksten Aktien.
- Indexzahl, die im Basisjahr 1988 mit dem Wert 1.000 festgelegt wurde.
- Der DAX spiegelt fortlaufend (Laufindex) während der Handelszeit an der FWB die tatsächlich vom Markt ausgelösten Kursveränderungen wider.

cb) **Diversifikation und Volatilität**

- Diversifikation bedeutet Streuung der Anlage, d. h. es sollen Aktien mehrerer Unternehmen und Branchen gekauft werden, damit das Risiko einer Anlage durch eine andere ausgeglichen wird.
- Volatilität bedeutet Schwankung der Aktienkurse, d.h. dass langfristig zwar hohe Erträge erzielt werden können, kurzfristig aber auch hohe Kurseinbrüche möglich sind.

cc) **Absicherung (Hedging) des Aktiendepots**

- Erwartet ein Aktionär fallende Kurse, ist die Absicherung (Hedging) seines Depotbestandes gegen Verluste durch den Kauf einer Verkaufsoption (long put) möglich.
- Als Käufer der Verkaufsoption erwirbt der Kunde das Recht, innerhalb der Optionsfrist jederzeit vom Verkäufer der Option die Abnahme der Aktien (Basiswerte) zum vereinbarten Preis (Basispreis) zu verlangen.

Fortsetzung auf der nächsten Seite

2.08

Fortsetzung cc)

Beispiel:

- Herr Mielants besitzt 116 Stück Aktien und erwartet, dass der Aktienkurs unter 28,00 EUR sinkt.
- Er kauft eine Verkaufsoption mit folgender Ausstattung:
  Basiswert: 116 Stück Hotel AG-Aktien
  Basispreis: 28,00 EUR / Stück
  Optionspreis: 1 EUR / Stück Aktie
- Fällt der Kurs der Aktie wie erwartet unter 28,00 EUR, übt der Kunde die Option aus, d. h. er verkauft seine 116 Stück Aktien zum vereinbarten Basispreis von 28,00 EUR und hat sich somit mit dem Erlös seinen Depotwert in Höhe von 3.248,00 EUR gesichert, abzüglich des Optionspreises von 116,00 EUR.
- Bleibt der Kurs der Aktie unverändert bei 28,00 EUR, übt der Kunde die Option nicht aus und müsste für die Absicherung seines Depots den Optionspreis von 116,00 EUR aufwenden.
- Steigt der Kurs über 28,00 EUR, übt der Kunde die Option nicht aus und nimmt mit seinen Aktien weiterhin an den Kurssteigerungen teil. Für die Absicherung seines Depots müsste er den Optionspreis von 116,00 EUR aufwenden, den er ab einem Kurs von 29,00 EUR wieder gedeckt hat.

<u>Gewinn-/Verlustpotential</u> <u>long put</u>

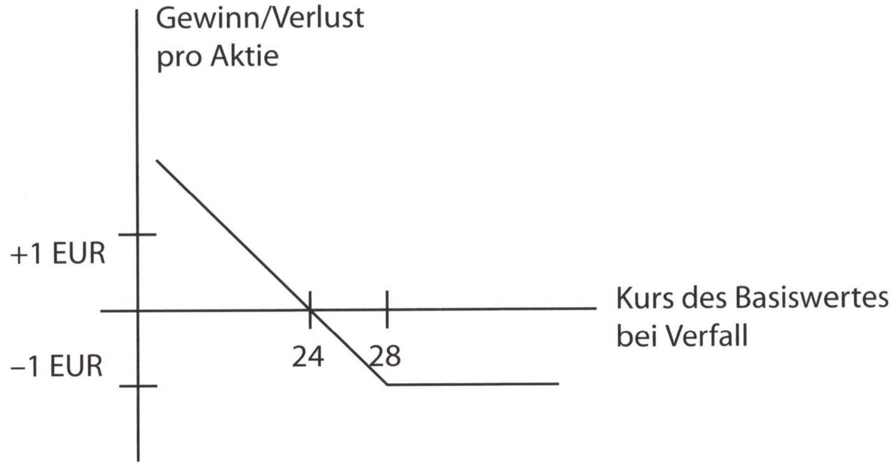

2.09

a) **Wesen und Aufgaben der Clearstream Banking AG**

- Die Clearstream Banking AG (auch CBF – Clearstream Banking AG, Frankfurt genannt) ist eine Tochter der Deutsche Börse AG. Die Deutsche Börse AG ist der zentrale Anbieter von Börsendienstleistungen in den Bereichen Handel, Information und Abwicklung.
- Die Clearstream Banking AG, als sogenannter Zentralverwahrer in Deutschland, ist verantwortlich für die deutsche Abwicklung börslicher und außerbörslicher Geschäfte.
- Kontoinhaber (Kunden) der Clearstream Banking AG können nur bestimmte juristische Personen sein, insbesondere Kredit- und Finanzdienstleistungsinstitute.
- Zu den Aufgaben der Clearstream Banking AG zählen die
  - Verwahrung und Verwaltung inländischer und ausländischer Wertpapiere (Durchführung der Girosammelverwahrung von Wertpapieren)
  - Erfüllung börslicher und außerbörslicher Geschäfte (Clearing und Settlement)
  - Übernahme des Geldausgleichs zwischen den Kreditinstituten

b) **Günstigerprüfung**

- Eine Günstigerprüfung bei Kapitalerträgen ist die Überprüfung, ob die Einbeziehung von diesen Kapitalerträgen in das zu versteuernde Einkommen zu einem günstigeren Ergebnis führt als der Steuerabzug durch die Abgeltungssteuer.
- Eine Günstigerprüfung wird immer dann durchgeführt, wenn es verschiedene Möglichkeiten gibt, einen Aufwand steuerlich geltend zu machen. Dabei soll die Günstigerprüfung eine Schlechterstellung des Steuerpflichtigen vermeiden.
- Bei Kapitaleinkünften sollte deshalb eine Günstigerprüfung beantragt werden, wenn der persönliche Einkommensteuersatz unterhalb der Abgeltungssteuer von 25 % liegt.
- Der Anleger benötigt dann eine Jahressteuerbescheinigung von seinem Kreditinstitut, mit dieser beantragt er die Günstigerprüfung beim zuständigen Finanzamt.

ca) **NV-Bescheinigung**

- Bei der Nichtveranlagungsbescheinigung (NV-Bescheinigung) handelt es sich um eine Bescheinigung, dass der Anleger von der Abgeltungssteuer befreit ist.
- Seine Kapitalerträge werden ihm dann ohne Abzug ausbezahlt.
- Allerdings erhält nicht jeder diese NV-Bescheinigung.
- Die NV-Bescheinigung ist für einkommensschwache Personen konzipiert worden, die aufgrund eines geringen Einkommens nicht zur Einkommensteuer veranlagt werden, aber Kapitalerträge über den Pauschbetrag hinaus erzielen.

Fortsetzung auf der nächsten Seite

2.09

Fortsetzung

cb) **Unterschied NV-Bescheinigung – Sparer-Pauschbetrag**

- Der Sparer-Pauschbetrag beschreibt die Höchstgrenze für steuerfrei zu vereinnahmende Kapitalerträge pro Jahr.
- Für Alleinstehende liegt er bei 801,00 EUR, für zusammen veranlagte Eheleute bei 1.602,00 EUR.
- Um diesen Pauschbetrag in Anspruch nehmen zu können, müssen der oder die Anleger einen oder mehrere Freistellungsaufträge bei ihrem Kreditinstitut bzw. ihren Kreditinstituten stellen.
- Erzielen die Anleger höhere Kapitalerträge als den Sparer-Pauschbetrag, müssen diese Erträge versteuert werden (Abgeltungssteuer plus Solidaritätszuschlag plus ggf. Kirchensteuer).

Personen, die eine NV-Bescheinigung eingereicht haben, können dagegen auch höhere Kapitalerträge erwirtschaften (also auch über den Pauschbetrag hinaus), ohne Abgeltungssteuer zahlen zu müssen. In diesem Fall zählt nicht die Höhe der Kapitalerträge (die ist nicht begrenzt), sondern das jährliche Einkommen.

d) **Ermittlung des Gutschriftbetrages**

Aus den Depotumsätzen ergibt sich, dass Frau Müller zum Zeitpunkt der Dividendenausschüttung 300 Caminol-Aktien besaß. Alle Dividenden (Bruttodividenden), die den Sparerpauschbetrag (Freistellungsauftrag von 801,00 EUR bzw. 1.602,00 EUR) übersteigen, werden seit dem 01.01.2009 mit 25 % Abgeltungssteuer versteuert. Demnach ergibt sich folgende Rechnung zur Ermittlung des Gutschriftbetrages:

Die Bruttodividende beträgt 540,00 EUR (300 Stück · 1,80 EUR).

Von der Bruttodividende wird der noch nicht ausgeschöpfte Teil des Freistellungsauftrages abgezogen: 540,00 EUR – 40,00 EUR = 500,00 EUR.

Von diesem Betrag werden die Abgeltungssteuer (25 %) und der Solidaritätszuschlag (5,5% auf den Betrag der Abgeltungssteuer) abgezogen: 500,00 EUR – 125,00 EUR – 6,87 EUR = 368,13 EUR.

Auf diese Nettodividende wird der unversteuert gebliebene Teil aus dem Freistellungsauftrag aufaddiert: 368,13 EUR + 40,00 EUR = 408,13 EUR.

Gutschriftbetrag: 408,13 EUR

Hinweis:

Ergibt sich bei der Berechnung des Solidaritätszuschlags ein Wert mit mehr als zwei Nachkommastellen, bleiben die Bruchteile eines Cents außer Ansatz, d. h. die Zahlen nach den beiden Nachkommazahlen werden einfach abgeschnitten (und nicht aufgerundet).

Fortsetzung auf der nächsten Seite

2.09

Fortsetzung

e) **Ermittlung des Veräußerungsgewinns**

Veräußerungsgewinne werden als positive Differenz zwischen dem beim Erwerb gezahlten Verkaufspreis und dem beim Verkauf erzielten Verkaufserlös ermittelt. Dabei werden die jeweils angefallenen Gebühren berücksichtigt. Es ist davon auszugehen, dass die zuerst gekauften Wertpapiere auch wieder zuerst verkauft werden (fifo-Verfahren: „first in – first out").

Veräußerungsgewinne sind als positive Kapitalerträge steuerpflichtig, sofern sie nach dem 31.12.2008 erworben wurden (Zertifikate nach dem 15.03.2007). Veräußerungsgewinne werden nach Abzug eines eventuell vorhandenen Freistellungsbetrages mit 25 % Abgeltungssteuer und 5,5 % Solidaritätszuschlag auf die Abgeltungssteuer und ggf. 8 – 9 % Kirchensteuer auf die Abgeltungssteuer belastet.

Die 250 verkauften Aktien wurden in der Vergangenheit zu folgenden Kursen erworben:

12.01.	100 St. zu 57,00 EUR/St.	=	5.700,00 EUR	Kurswert
18.01.	50 St. zu 58,50 EUR/St.	=	2.925,00 EUR	Kurswert
03.02.	50 St. zu 60,80 EUR/St.	=	3.040,00 EUR	Kurswert
12.02.	50 St. zu 62,00 EUR/St.	=	3.100,00 EUR	Kurswert
	250 St.		14.765,00 EUR	Kaufwert
		+	147,65 EUR	Provision (1 %)
		+	14,77 EUR	Courtage (1‰)
		=	14.927,42 EUR	Anschaffungskosten

Verkauf 17.03:

250 St. zu 65,00 EUR/St.	=	16.250,00 EUR	
	–	162,50 EUR	Provision (1 %)
	–	16,25 EUR	Courtage (1‰)
	=	16.071,25 EUR	Veräußerungserlös

	16.071,25 EUR	Veräußerungserlös
–	14.927,42 EUR	Anschaffungskosten
=	**1.143,83 EUR**	**Veräußerungsgewinn**

fa) **Aktienverlust-Verrechnungstopf**

Veräußerungsverluste aus Aktiengeschäften dürfen mit späteren Gewinnen aus Aktiengeschäften verrechnet werden. Allerdings können sie nur mit Veräußerungsgewinnen aus Aktiengeschäften verrechnet werden. Eine Verrechnung mit anderen positiven Kapitalerträgen ist nicht möglich.

Veräußerungsgewinne aus Aktiengeschäften hingegen können mit allen anderen negativen Kapitalerträgen (z. B. gezahlte Stückzinsen beim Erwerb von Anteilen, Zwischengewinne beim Erwerb von Investmentanteilen) verrechnet werden.

fb) **Abgrenzung Aktienverlust-Verrechnungstopf – allgemeiner Verlustverrechnungstopf**

Im Aktienverlust-Verrechnungstopf werden lediglich Verluste und (spätere) Gewinne aus Aktiengeschäften miteinander verrechnet. Im allgemeinen Verlustverrechnungstopf werden alle anderen negativen Kapitalerträge mit allen (späteren) positiven Kapitalerträgen einschließlich der Veräußerungsgewinne aus Aktiengeschäften miteinander verrechnet.

2.10

a) **Maximale staatliche Förderung**

Beim Beteiligungssparen (z. B. Aktienfonds) erhalten die Kunden die Arbeitnehmersparzulage in Höhe von 20 % auf max. 400,00 EUR Sparbetrag / Jahr: 80,00 EUR

Beim Bausparen erhalten die Kunden die Wohnungsbauprämie in Höhe von 8,8 % auf max. 1.024,00 EUR Sparbetrag pro Jahr: 90,11 EUR

Die Eheleute müssen demnach jährlich mindestens 1.424,00 EUR anlegen, um den Förderungshöchstbetrag von **170,11 EUR** zu erhalten.

Ergänzende Hinweise:

Arbeitnehmersparzulage auf das Bausparen ist nicht möglich, da das Ehepaar über der förderungswürdigen Einkommensgrenze von 35.800,00 EUR liegt. Würde das Ehepaar unterhalb der maßgeblichen Einkommensgrenze liegen, muss beachtet werden, dass Wohnungsbauprämie und Arbeitnehmersparzulage nicht auf die gleichen Einzahlungen gewährt werden können. Wer neben der Arbeitnehmersparzulage auf das Bausparen auch die Wohnungsbauprämie erhalten möchte, muss neben den vermögenswirksamen Leistungen von max. 470,00 EUR / Jahr hinaus weitere Bausparbeiträge leisten (max. 1.024,00 EUR / Jahr bei Verheirateten), um in den Genuss der Wohnungsbauprämie zu kommen.

Anlagen nach dem 5. Vermögensbildungsgesetz und dem Wohnungsbau-Prämiengesetz im Überblick:

Prämie:	**20 % AN-Sparzulage**	**9 % AN-Sparzulage**	**8,8 % Wohnungsbauprämie**
Anlageformen:	Beteiligungssparen	Bausparen	Bausparen
maximal geförderter Betrag / Jahr	400,00 EUR	470,00 EUR	1.024,00 EUR (bei Verheirateten)
Höhe der Förderung:	80,00 EUR	43,00 EUR	90,11 EUR (bei Verheirateten)
Einkommensgrenzen bei Verheirateten:	40.000,00 EUR	35.800,00 EUR	51.200,00 EUR

Hinweis:

Der Betrag der Wohnungsbauprämie wird nicht gerundet; die Arbeitnehmersparzulage hingegen wird auf volle Euro aufgerundet.

Fortsetzung auf der nächsten Seite

2.10

Fortsetzung

b) Die Begriffe Festlegungsfrist und ewige Bindung beziehen sich auf die Auszahlung der staatlichen Förderungen (Wohnungsbauprämie und Arbeitnehmersparzulage). Es muss das Datum des Vertragsabschlusses berücksichtigt werden, da für Verträge ab dem 01.01.2009 andere Regelungen gelten als für Verträge bis zum 31.12.2008.

> Exkurs: alte Regelung (Verträge bis 31.12.2008)
>
> Die Auszahlung der Wohnungsbauprämie erfolgt nur, wenn eine 7-jährige Bindungsfrist / Festlegungsfrist abgelaufen ist (oder wenn der Vertrag zugeteilt wurde bzw. wenn unschädlich verfügt wurde).

Bei der neuen Regelung (ab 01.01.2009) ist der Anspruch auf die Wohnungsbauprämie dauerhaft an eine wohnwirtschaftliche Verwendung der Bausparsumme gekoppelt. Für die Wohnungsbauprämie gibt es – bis auf eine Ausnahme für junge Menschen - keine 7-jährige Bindungsfrist mehr, jetzt spricht man von einer sogenannten „ewigen Bindung", d. h. eine nicht wohnwirtschaftliche Verwendung führt auch nach 10 Jahren noch zum Verlust der Wohnungsbauprämie. Deshalb wird die Wohnungsbauprämie auch erst zum Zeitpunkt der wohnwirtschaftlichen Verwendung ausgezahlt.

Für die Arbeitnehmersparzulage hingegen gilt weiterhin, dass sie nach Ablauf der gesetzlichen Bindungsfrist von 7 Jahren durch eine Einmalzahlung auf den Bausparvertrag ausgezahlt wird.

c) **Prämienunschädliche Verfügungen**

Die vorzeitige Verfügung führt grundsätzlich zu einem Verlust der Wohnungsbauprämie. Allerdings sind vorzeitige, prämienunschädliche Verfügungen möglich: zum einen wenn der Sparer oder sein Ehegatte nach Vertragsabschluss stirbt oder völlig erwerbsunfähig wird, zum anderen wenn der Sparer oder sein Ehegatte arbeitslos geworden ist, die Arbeitslosigkeit mindestens ein Jahr ununterbrochen bestanden hat und im Zeitpunkt der vorzeitigen Verfügung noch besteht (vgl. §2 WoPG und §9 WoPDV).

> **Hinweis:**
>
> Unschädlich ist auch eine Verfügung ohne Verwendung zum Wohnungsbau, die frühestens sieben Jahre nach dem Vertragsabschluss erfolgt, wenn der Bausparer bei Vertragsabschluss das 25. Lebensjahr noch nicht vollendet hatte. Für den vorliegenden Fall ist diese Ausnahmeregelung jedoch irrelevant.

d) **Beantragung der Wohnungsbauprämie**

Der Bausparer beantragt jährlich die Wohnungsbauprämie bei seiner Bausparkasse. Ein Antrag kann gestellt werden, wenn mindestens 50,00 EUR im Kalenderjahr auf den Bausparvertrag einbezahlt wurden. Bei Zuteilung des Bausparvertrages wird die gesamte Prämie von der Bausparkasse beim Finanzamt angefordert und dem Bausparkonto gutgeschrieben bzw. ausbezahlt.

Fortsetzung auf der nächsten Seite

2.10

Fortsetzung

e) **Voraussetzungen für die Riester-Rente**

Die Kunden müssen zum förderungsberechtigten Personenkreis gehören. Förderberechtigt sind alle Personen, die in der gesetzlichen Rentenversicherung pflichtversichert sind (oder Empfänger von Besoldungen / Bezügen sind) und der unbeschränkten Steuerpflicht in Deutschland unterliegen. Um in den Genuss der staatlichen Förderung zu gelangen, muss der Kunde einen Altersvorsorgevertrag abschließen. Banken bieten hierfür u. a. Banksparpläne, private oder fondsgebundene Rentenversicherungen an. Dieser Vertrag muss jedoch von der Bundesanstalt für Finanzdienstleistungsaufsicht (BaFin) zertifiziert worden sein. Eine weitere Voraussetzung ist, dass der Kunde einen einkommensabhängigen Eigenbetrag leisten muss. Ohne diesen Eigenbetrag ist keine Förderung möglich.

f) **Ermittlung der monatlichen Sparleistung zum Erhalt der Riester-Förderung**

4 % von 41.500 EUR	=	1.660,00 EUR	
	–	308,00 EUR	(2 · 154,00 EUR) Grundzulage
	=	1.352,00 EUR	Eigenbeitrag der Eheleute pro Jahr
	=>	112,67 EUR	pro Monat

Ab dem Beitragsjahr 2012 gilt: Die Ehefrau erhält bei Zahlung des Sockelbetrages von 60,00 EUR (5,00 EUR / Monat) ebenfalls die staatliche Förderung, da sie einen „abgeleiteten Zulagenanspruch" hat (eigener Altersvorsorgevertrag).

Daraus ergibt sich eine monatliche Sparleistung in Höhe von: **117,67 EUR** (112,67 EUR + 5,00 EUR)

g) **Außerplanmäßige Verfügungen**

Außerplanmäßige Verfügungen (sowohl vor als auch nach Rentenbeginn!) sind möglich, führen aber in beiden Fällen dazu, dass alle Zulagen bzw. die Steuervorteile zurückgezahlt werden müssen. Außerdem müssen die im Entnahmebetrag enthalten Erträge voll versteuert werden. Das gilt auch, wenn Erben oder andere bezugsberechtigte Personen die außerplanmäßige Verfügung tätigen.

Es gibt eine Möglichkeit der förderunschädlichen vorzeitigen Verfügung, nämlich dann, wenn das Kapital zur Finanzierung von Wohneigentum verwendet wird (dann spricht man aber sicherlich nicht von einer Ausnahmesituation).

3.01

a) **Möglichkeiten der Stellung einer Mietkaution**

1. Möglichkeit: Mietkautionskonto auf den Namen des Vermieters

- Anlage erfolgt auf einem Konto (i. d. R. Sparkonto) zu einem Zinssatz, der dem für Spareinlagen mit dreimonatiger Kündigungsfrist üblich ist.
- Kontoinhaber ist der Vermieter (offenes Treuhandkonto), Vermieter ist alleiniger Berechtigter gegenüber dem Kreditinstitut.
- Konto wird mit dem Zusatz „wegen Mietkaution" geführt.
- Vermieter muss die Mietkaution getrennt von seinem eigenen Vermögenswerten halten.
- Die Erteilung eines Freistellungsauftrages ist nicht möglich, der Vermieter muss dem Mieter eine Bescheinigung über die entrichtete Abgeltungssteuer erteilen.

2. Möglichkeit: Mietkautionskonto auf den Namen des Mieters

- Mieter wird Kontoinhaber (Sparkonto, s. o.) und verpfändet das Sparbuch an den Vermieter.
- Die Verpfändung muss dem kontoführenden Kreditinstitut angezeigt werden.
- Das Sparkonto wird mit einem Sperrvermerk versehen und der Vermieter erhält aus Sicherheitsgründen das Sparbuch (rechtlich hat die Übergabe des Sparbuches keine Bewandtnis).
- Zum Schutz des Mieters werden in der Verpfändungserklärung Regelungen getroffen, dass bei Ansprüchen seitens des Vermieters Auszahlungen an diesen erst nach einer Frist von 4 Wochen vorgenommen werden, nachdem der Mieter informiert wurde. Ein Einspruch hiergegen kann allerdings nur mit einem gültigen gerichtlichen Urteil geltend gemacht werden.
- Der Mieter kann einen Freistellungsauftrag stellen.

3. Möglichkeit: Mietaval

- Bankbürgschaft als Mietkaution: Hierbei verpflichtet sich das Kreditinstitut im Auftrag des Mieters gegenüber dem Vermieter, für die Erfüllung der vertraglichen Pflichten des Mieters bis zur Höhe des vereinbarten Mietkautionsbetrages einzustehen.
- Kreditinstitut gibt eine unbefristete und selbstschuldnerische Verpflichtung gegenüber dem Vermieter anhand des zugrunde liegenden Avalkreditvertrages mit dem Mieter ab.
- Es wird kein Geld hinterlegt, das Kreditinstitut bürgt mit seinem guten Namen
- Mieter zahlt lediglich eine Avalprovision
- Das Kreditinstitut zahlt auf „erstes Anfordern" des Vermieters, ohne die Rechtmäßigkeit der Forderung zu prüfen.

Fortsetzung auf der nächsten Seite

Fortsetzung

GB

GARTENBANK AG

Verpfändung eines Sparguthabens als Mietkaution

GB-Sparkonto Nr.

Für:

– nachstehend der Verpfänder genannt – wird bei der Gartenbank AG das oben genannte Sparkonto geführt. Die Personenbezeichnung *Verpfänder, Vermieter und Mieter* in dieser Erklärung werden in weiblicher und männlicher Form geführt.

1. Verpfändungserklärung

Zur Sicherung der gegenwärtigen und künftigen Ansprüche von

– nachstehend der Vermieter genannt – aus dem Mietvertrag vom ____________________ mit

– Mieter – wird hiermit das Sparguthaben auf dem genannten Konto, höchstens aber ______________ EUR, verpfändet.

Das Pfandrecht erstreckt sich auf Zinsen und Zinseszinsen ohne Anrechnung auf den Höchstbetrag (§551 Abs. 3 BGB)
Die Verpfändung ist im GB-Sparbuch zu vermerken.
Der Vermieter ist berechtigt, das Sparguthaben zu kündigen.
Verlangt der Vermieter Auszahlung des Guthabens, so wird die Gartenbank AG den Verpfänder hiervon unterrichten. Die Auszahlung erfolgt gegen Vorlage des GB-Sparbuches unter Beachtung der Kündigungsfrist gemäß den Bedingungen für den Sparverkehr, aber nicht vor Ablauf von vier Wochen nach Versand der Mitteilung an den Verpfänder. Hierdurch soll dem Verpfänder Gelegenheit gegeben werden, mögliche Gegenrechte gegenüber dem Vermieter geltend zu machen. Die Gartenbank AG ist nicht verpflichtet, die Pfandreife zu prüfen. Die Geltendmachung von Gegenrechten gegenüber der Gartenbank AG hat keine rechtliche Wirkung und ist daher zwecklos.
Das Pfandrecht erlischt im Verhältnis zur Gartenbank AG erst dann, wenn der Vermieter ihr dies schriftlich mitgeteilt hat.
Das GB-Sparbuch wird vom Vermieter verwahrt.
Von der Verpfändung erhalten Vermieter, Verpfänder und Gartenbank AG je eine Ausfertigung.
Die Kosten dieses Vertrages und seiner Durchführung trägt der Verpfänder.

Ort, Datum

Unterschrift(en) des Verpfänders

Legitimationsprüfung des Verpfänders auf Blatt 3

Unterschrift des Vermieters

2. Bestätigung

Wir haben von der Verpfändung Kenntnis genommen und treten mit dem uns nach Nr. 21 Abs. 1 unserer Allgemeinen Geschäftsbedingungen zustehenden Pfandrecht hinter das Pfandrecht des Vermieters zurück.

Ort, Datum wie oben

Unterschrift(en) der Gartenbank AG

3. Freigabe

Das Guthaben auf dem genannten Sparkonto gebe ich hiermit frei. Das **GB**-Sparbuch habe / werde ich dem Verpfänder übergeben. Ort, Datum

Unterschrift des Vermieters

Bearbeitungsvermerke Unterschrift geprüft Sperrvermerk gelöscht	*Unterschrift des Sachbearbeiters (mit Pers.-Nr.)*

Fortsetzung auf der nächsten Seite

3.01

Fortsetzung

b) **Kosten für den Avalkredit**

Bearbeitungsentgelt: 12,50 EUR
Avalprovision: 2.500 · 3,50 % = 87,50 EUR

Gesamtkosten im 1. Jahr: 100,00 EUR

c) **Besicherung des Kredits**

In der Praxis werden Avalkredite i. d. R. nur an Kunden zweifelsfreier Bonität vergeben.

d) **Einräumung einer Überziehungsmöglichkeit**

- Auch bei der Einräumung einer Überziehungsmöglichkeit ist das Kreditinstitut verpflichtet, dem Kunden vorvertragliche Informationen zur Verfügung zu stellen (diese vorvertraglichen Informationen für eine Überziehungsmöglichkeit unterscheiden sich von denen für ein Verbraucherdarlehen oder für ein Immobiliendarlehen, um den Besonderheiten jeder einzelnen Kreditart gerecht zu werden).
- Wenn das Kreditinstitut bereit ist, die Überziehungsmöglichkeit einzuräumen, wird diese auf dem Konto ermöglicht, und der Kunde nimmt sie durch Verfügungen in Anspruch.
- Der Kunde führt die Überziehungen durch Zahlungseingänge zurück und erhält in regelmäßigen Abständen Abschlussrechnungen.

e) **Unterrichtungspflicht des Kreditinstituts**

Das Kreditinstitut muss bei der gesetzlich vorgeschrieben Unterrichtung u. a. folgende Angaben machen (vgl. dazu insbesondere Artikel 247, § 16 EGBGB):

- den genauen Zeitraum, auf den sich die genannten Informationen beziehen
- Datum und Höhe der Auszahlungen
- Datum und Höhe der Einzahlungen
- Saldo und Datum der vorangegangenen Unterrichtung
- der neue Saldo
- der angewendete Sollzinssatz

Auch nach der Verbraucherkreditrichtlinie (Richtlinie 87/102/EWG) in der zum 10.08.2010 gültigen Fassung muss der Verbraucher im Falle eines Vertrages zwischen ihm und einem Kreditinstitut über die Gewährung eines Kredits in Form eines Überziehungskredits auf einem laufenden Konto, vor Vertragsabschluss oder zum Zeitpunkt des Vertragsabschlusses informiert werden

- über die etwaige Höchstgrenze des Kreditbetrags,
- über den Jahreszins und die bei Abschluss des Vertrages in Rechnung gestellten Kosten sowie darüber, unter welchen Voraussetzungen diese geändert werden können;
- über die Modalitäten einer Beendigung des Vertragsverhältnisses.

§ 504 BGB Eingeräumte Überziehungsmöglichkeit

(1) Ist ein Verbraucherdarlehen in der Weise gewährt, dass der Darlehensgeber in einem Vertragsverhältnis über ein laufendes Konto dem Darlehensnehmer das Recht einräumt, sein Konto in bestimmter Höhe zu überziehen (Überziehungsmöglichkeit), hat der Darlehensgeber den Darlehensnehmer in regelmäßigen Zeitabständen über die Angaben zu unterrichten, die sich aus Artikel 247 § 16 des Einführungsgesetzes zum Bürgerlichen Gesetzbuche ergeben.

Fortsetzung auf der nächsten Seite

Fortsetzung

f) **Überziehungsmöglichkeit und Online-Konto**

- Hier greift das Fernabsatzgesetz.
- Das Fernabsatzgesetz bezieht sich auf Geschäfte, die ausschließlich unter Verwendung von Kommunikationsmitteln wie Brief, Telefon oder E-Mail durchgeführt werden (kein persönlicher Kontakt).
- Hauptbestandteil des Gesetzes sind die Informationspflichten des Kreditinstituts sowie ein bis zu 4-wöchiges Widerrufsrecht des Verbrauchers.
- Demnach muss die Bank umfangreiche vorvertragliche Informationspflichten in Textform erfüllen, die dann auch die reguläre Widerrufsfrist in Gang setzt.
- Es handelt sich dabei um Unterlagen, die jedem Kontoinhaber, der nicht persönlich anwesend ist, unverzüglich zugesandt / bereitgestellt werden müssen.
- Wichtig ist die Überwachung der fristgerechten Rücksendung der Vertragsunterlagen und der Fernabsatzempfangsbestätigung innerhalb von 2 Wochen (siehe unten):

Empfangsbestätigung / Fernabsatzinformationen
GB-Gartenbank-Überziehungsmöglichkeit

Kontonummer:

Ich habe jeweils ein Exemplar folgender Informationen (per Post, Ausdruck als pdf-Datei) in Textform erhalten/ausgedruckt und zur Kenntnis genommen:

❑ Fernabsatzinformationen Gartenbank-Überziehungsmöglichkeit
❑ Allgemeine Darlehensbedingungen
❑ Allgemeine Geschäftsbedingungen und Sonderbedingungen
❑ Preis- und Leistungsverzeichnis

Ort, Datum — Unterschrift des / der Kunden

g) **Kunden- und Bankennutzen bei der Überziehungsmöglichkeit**

Kundennutzen	Banknutzen
– Ausweitung des Liquiditätsspielraumes – Anpassung der Kreditausnutzung an den jeweiligen Finanzbedarf – Zinsaufwand richtet sich nach dem tatsächlich in Anspruch genommenen Kreditbetrag – keine Zweckbindung	– einfache Handhabung – Kundenbindung wird verstärkt – *cross selling* möglich – relativ hoher Zinssatz im Vergleich zu anderen Kreditarten (Einnahmequelle)

Fortsetzung auf der nächsten Seite

3.01

Fortsetzung

h) **Unterschiede zwischen einer Überziehungsmöglichkeit und einem Ratenkredit**

Ratenkredit	Überziehungsmöglichkeit
– wird in einer Summe zur Verfügung gestellt (ab ca. 5.000,00 EUR)	– erfolgt als Zurverfügungstellung einer Kreditlinie
– i. d. R. Festzins für gesamte Laufzeit	– variabler Zins
– feste monatliche Rückzahlung	– variable Rückzahlung aus Kontogutschriften
– förmlicher Kreditantrag nötig	– förmlicher Kreditantrag nicht nötig
– besonderes Kreditkonto wird eingerichtet	– kein gesondertes Konto
– Abwicklung größerer Anschaffungen (evtl. Ausnutzung von Barrabatten)	– Abwicklung laufender Zahlungsverpflichtung
– Kreditprüfung erfolgt durch Rating	– keine echte Kreditprüfung (Gehaltseingänge)
– i. d. R. bis zu 25.000 EUR, 6 – 72 Monate Laufzeit	– i. d. R. ohne feste Laufzeit
– Zinsen werden im Voraus berechnet und der Kreditsumme zugeschlagen	– Zinsen nur vom tatsächlich in Anspruch genommenen Betrag
– Es gelten §§ 491 ff; insbesondere der neue § 491a „Vorvertragliche Informationen bei Verbraucherdarlehensverträgen“	– Es gelten §§ 504, 505 BGB sowie Art. 247 EGBGB insbes. §§ 10, 16 und 17.

Hinweis:

Urteile zur Bearbeitungsgebühr bei Allzweckdarlehen/Ratenkrediten:

Der Bundesgerichtshof (BGH) hat mit den Urteilen vom 13.05.2014 (Az.: XI ZR 405/12 und Az.: XI ZR 170/13) Bearbeitungsentgelte bei Verbraucherdarlehen für unzulässig erklärt.

3.02

a) **Prüfung Kreditantrag**

- Prüfung der Kreditfähigkeit:
  Die Kunden sind voll geschäftsfähig und damit kreditfähig. Kreditfähig sind Kunden, die in der Lage sind, rechtswirksam einen Kreditvertrag abzuschließen. Natürliche Personen erlangen mit der unbeschränkten Geschäftsfähigkeit die Kreditfähigkeit.
- Prüfung der Kreditwürdigkeit:
  Hierunter versteht man die Fähigkeit, persönlich und wirtschaftlich in der Lage zu sein, seinen Verpflichtungen aus dem Kreditvertrag nachzukommen. Bei der Kreditwürdigkeitsprüfung wird unterschieden zwischen der personellen und der materiellen Kreditwürdigkeit. Persönliche Kreditwürdigkeit ist gegeben, wenn der Kunde aufgrund seiner Zuverlässigkeit, beruflichen Stellung, seiner Erfahrung, seines Familienstandes Vertrauen genießt, den Kredit zurückzahlen zu wollen.
  Materielle Kreditwürdigkeit ist gegeben, wenn die gegenwärtigen und zukünftig erwarteten wirtschaftlichen Verhältnisse die Rückzahlung des Kredites gesichert erscheinen lassen.
- Ermittlung der Kapitaldienstfähigkeit (KDF):
  Gesamteinnahmen: 2.300,00 EUR (die vagen 150,00 EUR Trinkgeld werden <u>nicht</u> dazugerechnet)

Gesamtausgaben: – Werte der Institute –

Miete:	575,00 EUR
Auto und Motorrad:	250,00 EUR
Lebenshaltung (Pauschbetrag):	800,00 EUR
Versicherungen:	100,00 EUR
andere Kredite:	125,00 EUR
Sonstiges:	40,00 EUR
SUMME:	1.890,00 EUR

2.300,00 EUR (Einnahmen) – 1.890,00 EUR (Ausgaben) = 410,00 EUR Resteinkommen abzügl. 20% Sicherheitsrücklage in Höhe von 82,00 EUR = 328,00 EUR, (nach Tilgung des Versandhandel-Kredites in einem Jahr stünden 453,00 EUR zur Verfügung).

Aus der Tabelle ergibt sich bei einer Laufzeit von 48 Monaten eine monatliche Rate von 306,80 EUR.

Gutachten:

- Konten wurden gut geführt
- Kapitaldienstfähigkeit (KDF) ist gerade noch ausreichend, um den Kredit zurückzuzahlen (Situation wird leicht besser, wenn der andere Kredit getilgt ist – in einem Jahr
- Es bleiben fast keine Reserven (außer Trinkgeld)
- Unsicherheiten: Bei Trennung oder Familiengründung (Kinder) → wirtschaftliche Verschlechterung (KDF beruht hier noch auf beider Einkommen; es sind keine Ersparnisse vorhanden)
- Die beiden Fahrzeuge sind schon recht alt → Frage nach Finanzierungsbedarf für Neu-/ Ersatzanschaffung
- Ablehnung des Antrages ist auch gut denkbar oder Reduzierung des Kreditbetrages oder Verlängerung der Laufzeit.

Fortsetzung auf der nächsten Seite

3.02

Fortsetzung

b) **Ermittlung der Laufzeit bei einer monatlichen Rate von 250,00 EUR**

Um die monatliche Rate in Aufgabenteil a) zu berechnen, wurde folgender Rechenweg genutzt:
130 · 2,3600 = 306,80 EUR / Monat bei einer Laufzeit von 48 Monaten.

Jetzt ist eine neue Laufzeit bei einer Ratenhöhe von 250,00 EUR gesucht.
Daraus ergibt sich folgender Rechenansatz: 130 · x = 250,00 EUR
Nach x aufgelöst ergibt sich ein Wert von 1,9231 (250 / 130)
Aus dem Konditionentableau ergibt sich bei einem Zinssatz von 6,25 % p. a. eine Laufzeit von 60 Monaten (einfaches Ablesen des Wertes in der Tabelle).

c) **Vorschriften des BGB über den Verbraucherkreditvertrag**

Beim vorliegenden Kredit handelt es sich um einen Verbraucherkreditvertrag, da

- ein Unternehmer den Kredit gewährt
- der Kreditnehmer eine natürliche Person (ein Verbraucher) ist
- es sich um eine entgeltliche Leistung handelt
- der Kreditbetrag über 200 EUR liegt.
- das Darlehen nicht innerhalb von drei Monaten zurückgezahlt wird

§ 491 Verbraucherdarlehensvertrag

(1) Die Vorschriften dieses Kapitels gelten für entgeltliche Darlehensverträge zwischen einem Unternehmer als Darlehensgeber und einem Verbraucher als Darlehensnehmer (Verbraucherdarlehensvertrag), soweit in den Absätzen 2 oder 3 oder in den §§ 503 bis 505 nichts anderes bestimmt ist.

(2) Keine Verbraucherdarlehensverträge sind Verträge,

1. bei denen der Nettodarlehensbetrag (Artikel 247 § 3 Abs. 2 des Einführungsgesetzes zum Bürgerlichen Gesetzbuche) weniger als 200 Euro beträgt,
2. bei denen sich die Haftung des Darlehensnehmers auf eine dem Darlehensgeber zum Pfand übergebene Sache beschränkt,
3. bei denen der Darlehensnehmer das Darlehen binnen drei Monaten zurückzuzahlen hat und nur geringe Kosten vereinbart sind,
4. die von Arbeitgebern mit ihren Arbeitnehmern als Nebenleistung zum Arbeitsvertrag zu einem niedrigeren als dem marktüblichen effektiven Jahreszins (§ 6 der Preisangabenverordnung) abgeschlossen werden und anderen Personen nicht angeboten werden,
5. die nur mit einem begrenzten Personenkreis auf Grund von Rechtsvorschriften in öffentlichem Interesse abgeschlossen werden, wenn im Vertrag für den Darlehensnehmer günstigere als marktübliche Bedingungen und höchstens der marktübliche Sollzinssatz vereinbart sind.

BGB – Auszug

Fortsetzung auf der nächsten Seite

3.02

Fortsetzung

d) **Vorvertragliche Informationen (VVI)**

Sinn der VVI ist es, dass die Kunden Informationen und Vertragsbedingungen über den gewünschten Kredit in Ruhe lesen und vergleichen können. Mit den VVI sollen die Kunden in die Lage versetzt werden, eine eigenverantwortliche Entscheidung für oder gegen einen Vertragsabschluss treffen zu können. Die Unterrichtung muss demnach eindeutig vor Abschluss eines Verbraucherdarlehensvertrages in Textform erfolgen, sodass die Kunden die inhaltliche Vollständigkeit und Richtigkeit der Informationen überprüfen können. Inhaltliche Anforderungen der VVI ergeben sich aus § 3 Art. 247 EGBGB. Als wichtige Informationen sind zu nennen:

- Name und Anschrift des Darlehensgebers
- Art des Darlehens
- der effektive Jahreszins
- der Sollzinssatz
- der Nettodarlehensbetrag
- der Gesamtbetrag
- die Vertragslaufzeit
- Betrag, Zahl und Fälligkeit der einzelnen Teilzahlungen
- die Auszahlungsbedingungen
- alle sonstigen Kosten
- der Verzugszinssatz
- ein Warnhinweis zu den Folgen ausbleibender Zahlungen
- das Recht auf (komplette) vorzeitige Rückzahlung des Darlehens durch den Kreditnehmer
- die Notwendigkeit einer Vorfälligkeitsentschädigung und deren Berechnung für den Fall der vorzeitigen Rückzahlung
- Sicherheiten für die Darlehensvergabe

e) **Formvorschriften**

Der Verbraucherdarlehensvertrag bedarf der Schriftform (Unterschrift des Kunden). Die Widerrufsbelehrung hat in Textform zu erfolgen.

f) **Inhalte der Widerrufsbelehrung**

Die Widerrufsbelehrung muss enthalten:

- einen Hinweis auf Recht zum Widerruf
- einen Hinweis, dass der Widerruf keiner Begründung bedarf und in Textform innerhalb der Frist erklärt werden kann
- den Namen und die Anschrift der Bank
- einen Hinweis auf Dauer und Beginn der Frist sowie einen Hinweis, dass die rechtzeitige Absendung zur Fristwahrung genügt

Fortsetzung auf der nächsten Seite

3.02

Fortsetzung

13. Widerrufsinformation

Widerrufsrecht

Der Kreditnehmer kann seine Vertragserklärung innerhalb von 14 Tagen ohne Angabe von Gründen in Textform (z. B. Brief, Fax, E-Mail) widerrufen. Die Frist beginnt nach Abschluss des Vertrages, aber erst nachdem der Kreditnehmer alle Pflichtangaben nach § 492 Abs. 2 BGB (z. B. Angabe des effektiven Jahreszinses, Angaben zum einzuhaltenden Verfahren bei Kündigung des Vertrages) erhalten hat.

Der Kreditnehmer hat alle Pflichtangaben erhalten, wenn sie in der für den Kreditnehmer bestimmten Ausfertigung seines Antrages (...) enthalten sind und dem Kreditnehmer eine solche Unterlage zur Verfügung gestellt worden ist. Über in den Vertragstext nicht aufgenommene Pflichtangaben kann der Kreditnehmer nachträglich in Textform informiert werden; die Widerrufsfrist beträgt dann einen Monat. Der Kreditnehmer ist mit den nachgeholten Pflichtangaben nochmals auf den Beginn der Widerrufsfrist hinzuweisen. Zur Wahrung der Widerrufsfrist genügt die rechtzeitige Absendung des Widerrufs. Der Widerruf ist zu richten an:

Kreditbank AG, Hauptstr. 20, 40223 Düsseldorf
Fax: 0211-9178755
E-Mail: mailbox@KreditbankAG.de
(...)

Düsseldorf, 27. Juli 20..
Ort, Datum, Unterschrift des Kreditnehmers (1) des Kreditnehmers (2)[1]

[1]Ort, Datum, Unterschrift des Verbrauchers ist gesetzlich nicht zwingend vorgeschrieben.

g) **Ende der Widerrufsfrist**

Die Kunden werden am Dienstag, den 27. Juli belehrt. Danach hätten sie bis einschließlich Dienstag, den 10.08.20.. Zeit, den Kreditvertrag zu widerrufen. Ab dem 11. August ist ein Widerruf nicht mehr möglich.

h) **Widerrufsfolgen**

Für den Zeitraum zwischen Auszahlung und Rückzahlung ist bei vollständiger Inanspruchnahme des Kredits pro Tag ein Zinsbetrag in Höhe von **2,26 EUR** (genauer Zinsbetrag in Euro pro Tag) zu zahlen.

Rechenweg:

$$\frac{13.000{,}00 \text{ EUR} \cdot 6{,}25 \cdot 1 \text{ (Tag)}}{360 \cdot 100} = 2{,}26$$

Fortsetzung auf der nächsten Seite

3.03

a) **Ermittlung des Gesamtaufwands**

Hinweis: Es handelt sich bei dem Angebot nicht um ein Leasingangebot, sondern um ein Finanzierungsangebot mit einer Anzahlung, 35 Monatsraten und einer Schlusszahlung, d. h. der Kunde kauft diesen Wagen und muss demnach alle Zahlungen leisten (auch die Schlusszahlung!).

Demzufolge beträgt der Gesamtaufwand für den Kunden:

	6.000,00 EUR	Anzahlung
+	8.330,00 EUR	(35 Monatsraten x 238,00 EUR)
+	7.840,00 EUR	(Schlusszahlung)
=	**22.170,00 EUR**	

b) **Aufzeigen finanzieller Auswirkungen nach drei Jahren**

ba) Da Herr Gruber die Schlussrate auf jeden Fall aufbringen muss, müsste er bis dahin die Schlussrate angespart haben oder dann einen entsprechenden Kredit aufnehmen.

bb) Herr Gruber müsste den Wagen verkaufen und aus dem Verkaufserlös die Schlussrate bezahlen.

c) **Vorteil einer hohen Schlussrate**

Aus Sicht des Käufers hat dieses Finanzierungsangebot den Vorteil der monatlich sehr geringen Raten. Eine derartige Finanzierungsform könnte sich anbieten, wenn der Kunde bereits heute weiß, dass er in drei Jahren einen höheren Geldeingang bekommen wird.

d) **Tilgungsplan**

Das Fahrzeug kostet als Barzahlungspreis 18.000,00 EUR. Der Kunde bringt 6.000,00 EUR Barmittel mit ein. Demzufolge beträgt der Finanzierungsbedarf 12.000,00 EUR. Je 100,00 EUR Rückzahlungsbetrag beträgt die monatliche Rate bei einem Zinssatz von 7,5 % p. a. und einer Laufzeit von 36 Monaten:

401,84 EUR (120 · 3,3487 EUR).

Tilgungsplan: Die Raten sollen auf volle Zehner aufgerundet werden. Demnach ergeben sich 35 Raten à 400,00 EUR und 1 Rate à 466,40 EUR.

Rechenweg:
401,84 EUR · 36 Monate = 14.466,24 EUR

35 Raten · 400,00 EUR = 14.000,00 EUR
1 Rate = 466,24 EUR (14.466,24 EUR– 14.000,00 EUR)

e) **Wesen der Restkreditversicherung**

- Die Restkreditversicherung ist eine spezielle Form der Risikolebensversicherung.
- Die Versicherung übernimmt die finanziellen Folgen bei Tod des Hauptverdieners (Restschuld inklusive aller Zinsen und Gebühren).
- Sie bietet Schutz für die Hinterbliebenen.
- Zusatzversicherungen sind möglich, z. B. (Arbeitslosigkeit, Arbeitsunfähigkeit, Scheidung, Krankheit, Unfall, Tod des Partners u. a.).

Fortsetzung auf der nächsten Seite

3.03

Fortsetzung

f) **Berechnung der Einmalprämie zur Restkreditversicherung**

Herr Gruber ist 58 Jahre alt. Demzufolge beträgt der Einmalbetrag zur Lebensversicherung (LV) 29,46 EUR (pro 500,00 EUR Anfangsversicherungssumme) und zur Arbeitsunfähigkeitszusatzversicherung (AUZ) 43,25 EUR (pro 500,00 EUR Anfangsversicherungssumme). Bei einer Anfangsversicherungssumme (Kreditbetrag) von 12.000,00 EUR müssen die entsprechenden Einmalbeträge mit 24 multipliziert werden (12.000,00 EUR / 500,00 EUR = 24).

Daraus ergibt sich ein Einmalbetrag in Höhe von:
24 · 29,46 EUR + 24 · 43,25 EUR = 707,04 EUR + 1.038,00 EUR = 1.745,04 EUR.
Da die Einmalbeträge auf volle 0,10 € kaufmännisch gerundet werden sollen, ergibt sich ein Betrag in Höhe von: 707,00 + 1.038,00 = **1.745,00 EUR**.

3.04

a) **Signale für eine Kreditgefährdung**

- die dauerhafte Ausnutzung der Dispositionslinie, auch in Verbindung mit nicht genehmigten und immer höher werdenden Kontoüberziehungen,
- erfolglose Versuche mit dem Kunden Kontakt aufzunehmen (z. B. erfolgen keine Rückrufe, Beratungstermine werden immer wieder verschoben, auf persönlichen Kontakt wird gänzlich verzichtet, auf Anschreiben wird nicht reagiert, bis hin zum Extremfall des Untertauchens (´unbekannt verzogen`),
- negative SCHUFA-Eintragungen (z. B. Kündigung eines Kredites bei einer anderen Bank),
- eine mangelhafte Kontoführung (Lastschriftrückgaben mangels Deckung, Kontopfändungen)
- das Ausbleiben von Gehaltseingängen

b) **Maßnahmen zur Verhinderung von Kreditausfällen**

- Tilgungsstreckung = Verlängerung der Laufzeit des Kredites durch Reduzierung der monatlichen Ratenhöhe. Durch die Verlängerung der Laufzeit erhöht sich zwar die Summe der zu zahlenden Zinsen, aber die monatlichen Rückzahlungsbeträge werden ihrer Höhe nach kleiner und damit eventuell tragbarer. In diesem Zusammenhang ist auch die Zusammenführung von Restschuld und Dispositionskredit zu einem neuen Ratenkredit mit geringeren monatlichen Belastungen möglich.
- in bestimmten Fällen ist eine Ratenstundung (Ratenaussetzung) denkbar
- falls vorhanden, könnten zusätzliche Sicherheiten hereingenommen werden (Sicherungsübereignung des Motorrades)
- auch ein Verkauf des Motorrades könnte in Erwägung gezogen werden, um damit einen Großteil des Kredits abzulösen
- Vermittlung oder Durchführung einer (Schuldner-)Beratung, in der u. a. Einnahmen und Ausgaben gegenübergestellt werden und das Ausgabeverhalten des Kunden analysiert wird

Fortsetzung auf der nächsten Seite

3.04

Fortsetzung

c)

ca) **Kündigung des Dispositionskredits**

- laut der vorvertraglichen Verbraucherkreditinformationen bei einer eingeräumten Überziehungsmöglichkeit können i. d. R. Bank und Kunde jederzeit ohne Einhaltung einer Kündigungsfrist kündigen. Im Falle der Kündigung durch die Bank wird dem Kunden eine angemessene Frist für die Rückzahlung eingeräumt.
- außerdem hat das Kreditinstitut gemäß Ziffer 26 (2) – Sparkasse bzw. Ziffer 19 (3) – Banken, das Recht zur fristlosen Kündigung, wenn ein wichtiger Grund vorliegt, der die Fortführung der Geschäftsbeziehung unzumutbar werden lässt (z. B. wenn die Einhaltung der Zahlungsverpflichtung gefährdet ist). Dazu zählt u. a. eine wesentliche Verschlechterung der Vermögensverhältnisse.

Auszug aus den AGB – Banken, Ziffer 19:

§

19. Kündigungsrechte der Bank

(3) Kündigung aus wichtigem Grund ohne Einhaltung einer Kündigungsfrist

Eine fristlose Kündigung der gesamten Geschäftsverbindung oder einzelner Geschäftsbeziehungen ist zulässig, wenn ein wichtiger Grund vorliegt, der der Bank deren Fortsetzung auch unter Berücksichtigung der berechtigten Belange des Kunden unzumutbar werden lässt. Ein wichtiger Grund liegt insbesondere vor,

- wenn der Kunde unrichtige Angaben über seine Vermögensverhältnisse gemacht hat, die für die Entscheidung der Bank über eine Kreditgewährung oder über andere mit Risiken für die Bank verbundene Geschäfte (z. B. Aushändigung einer Zahlungskarte) von erheblicher Bedeutung waren, oder
- wenn eine wesentliche Verschlechterung der Vermögensverhältnisse des Kunden oder der Werthaltigkeit einer Sicherheit eintritt oder einzutreten droht und dadurch die Rückzahlung des Darlehens oder die Erfüllung einer sonstigen Verbindlichkeit gegenüber der Bank – auch unter Verwertung einer hierfür bestehenden Sicherheit – gefährdet ist, oder – wenn der Kunde seiner Verpflichtung zur Bestellung oder Verstärkung von Sicherheiten nach Nummer 13 Absatz 2 dieser Geschäftsbedingungen oder aufgrund einer sonstigen Vereinbarung nicht innerhalb der von der Bank gesetzten angemessenen Frist nachkommt. […]

Fortsetzung auf der nächsten Seite

3.04

Fortsetzung

cb) **Kündigung des Verbraucherdarlehens**

- Die AGB weisen auf besondere Kündigungsrechte bei Verbraucherdarlehensverträgen hin:

Auszug aus den AGB: Ziffer 26 (3) Sparkasse bzw. 19 (4) Banken:

> **19. Kündigungsrechte der Bank**
>
> **(4) Kündigung bei Verbraucherdarlehensverträgen:**
>
> Soweit das Bürgerliche Gesetzbuch zwingende Sonderregelungen für die Kündigung von Verbraucherdarlehensverträgen vorsieht, kann das Kreditinstitut nur nach Maßgabe dieser Regelungen kündigen.

- Das BGB sieht Sonderregelungen vor! Für die Kündigung eines Verbraucherdarlehens gelten die Vorschriften des § 498 BGB:
  - demnach ist eine Kündigung wegen Verzugs erst möglich, wenn der Kunde mit mindestens zwei aufeinanderfolgenden Raten in Verzug ist und der in Verzug befindliche Betrag 10 % des Nettokreditbetrages ausmacht (Laufzeit des Kredits ≤ 36 Monate). Um die im Gesetz genannten Voraussetzungen zu erfüllen, muss der Kunde im vorliegenden Fall mit vier Raten in Verzug sein (4 x 240,00 EUR = 960,00 EUR; 10 % vom Nettokreditbetrag = 800,00 EUR).
  - außerdem muss die Bank dem Kunden erfolglos eine zweiwöchige Frist zur Zahlung des rückständigen Betrages mit der Erklärung gesetzt haben, dass die Bank im Fall der Nichtzahlung des rückständigen Betrages innerhalb dieser Frist vom Kunden die Zahlung der gesamten Restschuld verlangt (Gesamtfälligstellung des Kredits) und
  - die Bank sollte dem Kunden spätestens bei Fristsetzung ein Gespräch zur einvernehmlichen Problemlösung anbieten.

Auszug aus dem BGB:

> **§ 498 Gesamtfälligstellung bei Teilzahlungsdarlehen**
>
> Wegen Zahlungsverzugs des Darlehensnehmers kann der Darlehensgeber den Verbraucherdarlehensvertrag bei einem Darlehen, das in Teilzahlungen zu tilgen ist, nur kündigen, wenn
>
> 1. der Darlehensnehmer mit mindestens zwei aufeinander folgenden Teilzahlungen ganz oder teilweise und mit mindestens 10 Prozent, bei einer Laufzeit des Verbraucherdarlehensvertrags von mehr als drei Jahren mit mindestens 5 Prozent des Nennbetrags des Darlehens in Verzug ist und
> 2. der Darlehensgeber dem Darlehensnehmer erfolglos eine zweiwöchige Frist zur Zahlung des rückständigen Betrags mit der Erklärung gesetzt hat, dass er bei Nichtzahlung innerhalb der Frist die gesamte Restschuld verlange.
>
> Der Darlehensgeber soll dem Darlehensnehmer spätestens mit der Fristsetzung ein Gespräch über die Möglichkeiten einer einverständlichen Regelung anbieten.

Fortsetzung auf der nächsten Seite

3.04

Fortsetzung

d) **Merkmale der Lohn- und Gehaltsabtretung**

- Mit einer Lohnabtretung wird der Anspruch des Arbeitnehmers gegen seinen Arbeitgeber auf Zahlung des monatlichen Gehaltes bis zur Höhe der Pfändungsfreigrenze an die Bank abgetreten.
- Das bedeutet, dass im Falle der Zahlungseinstellung durch den Darlehensnehmer die Bank sich unmittelbar an den derzeitigen (und eventuell künftigen) Arbeitgeber wenden kann und bis auf die pfändungsfreien Beträge das gesamte Gehalt direkt einfordern kann.
- Notwendig ist eine Einigung (Abtretungsvertrag) zwischen dem Zedenten (Schuldner) und dem Zessionar (Bank).
- Für das rechtliche Zustandekommen nicht notwendig ist hingegen die Anzeige an den Drittschuldner, da die Lohn- und Gehaltsabtretung i. d. R. als stille Zession erfolgt, d. h., der Drittschuldner weiß nichts von der Abtretung und wird erst bei Zahlungseinstellung / Verzug des Schuldners informiert.
- Der Schuldner erteilt dem Kreditinstitut bereits im Abtretungsvertrag die Erlaubnis, die Zession beim Arbeitgeber offenzulegen.
- Kommt der Kreditnehmer in Verzug, kann die Bank die Zession offenlegen, wenn der Kreditnehmer mit einem Betrag, der mindestens zwei vollen Raten entspricht, in Verzug ist und mindestens zweimal schriftlich zur Zahlung aufgefordert wurde.
- Ab Offenlegung kann der Drittschuldner mit schuldbefreiender Wirkung nur noch an die Bank leisten.

e) **Risiken bei der Lohn- und Gehaltsabtretung**

- Ein Risiko bei der Lohn- und Gehaltsabtretung besteht darin, dass diese Ansprüche schon früher an andere Gläubiger abgetreten wurden. Bei einer doppelten Abtretung gilt dann immer die zeitlich ältere Abtretung.
- Bestimmte Arbeitgeber schließen (i. d. R. durch Betriebsvereinbarungen) Lohn- und Gehaltsabtretungen mit ihren Mitarbeitern aus.
- Ein weiteres Risiko besteht darin, dass der Arbeitgeber seine Arbeitsstelle verliert und damit auch das Einkommen, somit wird die Sicherheit bedeutungslos.
- Es kann auch der Fall eintreten, dass das Einkommen sehr gering ist und somit unterhalb der pfändungsfreien Grenze liegt.

f) **Ermittlung des pfändbaren Gehaltsanteils:**

Nettolohn (lt. Aufgabenbeschreibung):	1.472,33 EUR
unpfändbar:	1.073,88 EUR
= Restbetrag:	398,45 EUR
davon 30 % unpfändbar:	119,54 EUR
pfändbarer Teil:	**278,91 EUR**

Fortsetzung auf der nächsten Seite

3.04

Fortsetzung

g) **Ablauf des gerichtlichen Mahnverfahrens**

- Die Gartenbank AG stellt einen Antrag auf Erlass eines Mahnbescheides (gerichtliche Zahlungsaufforderung) beim zuständigen Amtsgericht (grundsätzlich ist das Amtsgericht des Gläubigers zuständig).
- Aus Rationalisierungsgründen wurden aber mittlerweile in allen Bundesländern sogenannte zentrale Mahngerichte eingerichtet:

Baden-Württemberg	Amtsgericht Stuttgart
Bayern	Amtsgericht Coburg
Berlin	Amtsgericht Wedding
Brandenburg	Amtsgericht Wedding
Bremen	Amtsgericht Bremen
Hamburg	Amtsgericht Hamburg
Hessen	Amtsgericht Hünfeld
Mecklenburg-Vorpommern	Amtsgericht Hamburg
Niedersachsen	Uelzen
Nordrhein-Westfalen	OLG-Bezirk Köln: beim Amtsgericht Euskirchen im Übrigen: beim Amtsgericht Hagen
Rheinland-Pfalz	Amtsgericht Mayen
Saarland	Amtsgericht Mayen
Sachsen	Amtsgericht Aschersleben
Sachsen-Anhalt	Amtsgericht Aschersleben
Schleswig-Holstein	Amtsgericht Schleswig
Thüringen	Amtsgericht Aschersleben

- Der Gläubiger kann seine Ansprüche auch online im automatisierten gerichtlichen Mahnverfahren („online-Mahnverfahren") geltend machen.
- Das Amtsgericht prüft nur die formale Ordnungsmäßigkeit des Antrages (nicht aber die Berechtigung) und stellt den Mahnbescheid dem Schuldner zu.
- Der Mahnbescheid enthält die Aufforderung, innerhalb von 2 Wochen seit Zustellung des Mahnbescheides die Schuld plus Zinsen und Kosten zu zahlen oder ggf. Widerspruch einzulegen.
- Reagiert der Schuldner innerhalb dieser Frist überhaupt nicht, wird beim Amtsgericht ein Antrag auf Erlass eines Vollstreckungsbescheides gestellt und der Bescheid dem Schuldner zugestellt (wenn Widerspruch erfolgt, wird der Sachverhalt im Klageverfahren behandelt; wenn Zahlung erfolgt, ist das Mahnverfahren beendet).
- Der Vollstreckungsbescheid berechtigt die Gartenbank AG – nach Ablauf der Einspruchsfrist – zur Zwangsvollstreckung.

h) **Zwangsvollstreckung**

Die Durchführung der Zwangsvollstreckung erfolgt durch

- einen Gerichtsvollzieher: Beschlagnahmung von Wertgegenständen (Mitnahme oder Siegelanbringung)
- einen richterlichen Pfändungs- und Überweisungsbeschluss: für Forderungen, die der Kreditnehmer gegen andere Dritte hat

3.05

a)

aa) **Flurkarte**

- Lage des Flurstückes / Grundstückes innerhalb des Gemeindebezirkes
- angrenzende Grundstücke
- Angrenzung an Straßen
- die Lage des Grundstückes hat Einfluss auf seinen Verkehrswert

> **Hinweis**:
>
> Der öffentliche Glaube (Grundbucheintragungen gelten als richtig) gilt nicht für Angaben über Größe, Wirtschaftsart und Lage des Grundstückes.

ab) **Eintragungen im Bestandsverzeichnis**

Rechte, die mit dem Eigentum an diesem Grundstück verbunden sind, z. B. ein Wegerecht an einem fremden Grundstück

> **Hinweis:**
>
> Die Belastung dieses fremden Grundstückes mit dem Wegerecht ist im Grundbuch des fremden Grundstückes in Abteilung II "Lasten und Beschränkungen" eingetragen.

b)

ba) **Grundschuld**

- Pfandrecht an dem Grundstück (und dem Gebäude als wesentlichem Bestandteil)
- Das Ehepaar Raes ist als Grundstückseigentümer verpflichtet, eine bestimmte Summe aus diesem Grundstück an die Gartenbank AG zu zahlen.
- Damit die Gartenbank AG nur dann Zahlung verlangen kann, wenn das Ehepaar den zur Verfügung gestellten Kredit nicht vereinbarungsgemäß bedient, wird eine Zweckbestimmungserklärung zwischen Bank und Kunde vereinbart (wegen der Abstraktheit der Grundschuld).

bb) **Wesentlicher Bestandteil**

Das Haus ist fest mit dem Grund und Boden verbunden und haftet somit als wesentlicher Bestandteil des Grundstückes für die eingetragene Grundschuld.

bc) **Bedeutung der Verzinsung der Grundschuld mit 15 % p. a.**

Die Eintragung des dinglichen Zinssatzes (hier: 15 % p. a.) erfolgt fiduziarisch. Der Kreditnehmer ist nur zur Zahlung der im Kreditvertrag vereinbarten Zinsen verpflichtet. Der hohe dingliche Zinssatz wird vereinbart, damit auch nach Ablauf der Zinsfestschreibung ein evtl. höherer Kreditzins ausreichend dinglich gesichert ist. Ansonsten müsste bei jeder neuen Zinsfestschreibung das Grundbuch geändert werden.

Fortsetzung auf der nächsten Seite

3.05

Fortsctzung

bd) **Bedeutung des Satzes "vollstreckbar nach § 800 ZPO"**

Die Gartenbank AG besitzt durch diese Eintragung bereits einen vollstreckbaren Titel, d. h. im Falle der Fälligstellung des Kredites muss sich die Gartenbank AG nicht erst durch die Einleitung eines Mahn- oder Klageverfahrens einen vollstreckbaren Titel beschaffen.

c) **Berechnung der monatlichen Belastung aus dem Darlehen**

Zinsen 3,9 % + Tilgung 1,5 % = 5,4 % jährliche Annuität
5,4 % von 50.000,00 EUR = 2.700,00 EUR (jährliche Annuität)
2.700,00 EUR / 12 Monate = **225,00 EUR** (monatliche Annuität)

d) **Sofortige Tilgungsverrechnung**

Die Tilgungsverrechnung gibt den Zeitpunkt an, wann eine Tilgungsleistung mit der Restschuld verrechnet wird. Bei der sofortigen Tilgungsverrechnung wird die Zahlung entsprechend dem Eingang sofort (taggenau) mit der Restschuld verrechnet. Anders ist dies bei der nachschüssigen Tilgungsverrechnung, hier erfolgt die Tilgungsverrechnung z. B. viertel- oder gar halbjährlich, diese Vorgehensweise verteuert das Darlehen im Vergleich zur sofortigen Verrechnung.

3.06

a) **Objektunterlagen**

Einkommensnachweise	z. B. Gehaltsabrechnungen oder Steuererklärungen als Nachweis dafür, dass die monatlichen Ausgaben (Lebenshaltung und Kreditrückzahlung) gedeckt werden können.
Vermögensnachweise	z. B. Konto- und Depotauszüge, Unterlagen von sonstigen Vermögenswerten (Bausparguthaben) als Nachweis dafür, dass der notwenige Eigenanteil bei der Finanzierung aufgebracht werden kann.
Grundstückskaufvertrag	als Nachweis über den Eigentumserwerb und den Kaufpreis.
Grundbuchauszug	als Nachweis des Eigentümers und eventueller Vorlasten.
Baukosten-Voranschlag	als Nachweis über die Baukosten.
Baupläne ggf. mit Baugenehmigung	als Nachweis über die Bauart und damit über den Wert des Bauobjekts und als Nachweis für genehmigungspflichtige Bautätigkeiten.
Flurkarte	als Nachweis über die Lage des Grundstückes mit den entsprechenden Informationen über angrenzende Grundstücke und/oder Straßen und damit über den Verkehrswert des Grundstücks.
Gebäudeversicherungsnachweis	als Nachweis über die Versicherung des Gebäudes.

b) **Nebenkosten**

- Grunderwerbsteuer; seit 2006 dürfen die Bundesländer den Steuersatz selbst festlegen. Er liegt zurzeit zwischen 3,5 % (Sachsen, Bayern) und 6,5 % (Schleswig Holstein, Saarland (ab 2015)).
- Notarkosten für den Grundstückskaufvertrag
- eventuell Maklerprovision
- Gerichtskosten für Grundbucheintragungen
- Erschließungskosten für das Grundstück (Wasser, Strom, Wege)
- Kosten für Außenanlagen (Garten, Zäune)
- Gebühren für Baugenehmigungen
- eventuell Architektenhonorare
- Umzugskosten
- Möbel (Einbauküche o. ä.)

Fortsetzung auf der nächsten Seite

3.06

Fortsetzung

ca) **Beleihungsgrenze des Finanzierungsobjektes**

- Als Beleihungsgrenze bezeichnet man die maximale Darlehenshöhe in Prozent des Beleihungswertes.
- Der Beleihungswert einer Immobilie ist der Wert, der langfristig am Markt zu erzielen ist (im Gegensatz dazu steht der Verkehrswert, der den aktuell erzielbaren Verkaufserlös darstellt).
- Die Beleihungsgrenze ist also: Beleihungswert x Beleihungssatz (der Beleihungssatz beträgt 60 %).
- Ermittlung des Beleihungswertes nach dem Sachwertverfahren, da es sich hier um eine selbst genutzte Immobilie handelt.
- Sachwert = Bodenwert + Bauwert

  Bodenwert = Grundstücksfläche x Grundstückspreis pro m^2 (bzw. Grundstückskosten laut Aufgabenstellung)

  Bauwert = Herstellungswert – Abschreibungen + Außenanlagen – Sicherheitsabschlag – Baunebenkosten (bzw. Baukosten lt. Aufgabenstellung)

  Sachwert = 75.000,00 EUR + 160.000,00 EUR = 235.000,00 EUR
- Beleihungsgrenze = 235.000,00 EUR · 60% = **141.000,00 EUR**

cb) **Sach- und Ertragswertverfahren**

- Während beim Sachwertverfahren der Beleihungswert eines Grundstückes dem Sachwert (Summe aus Bau- und Bodenwert) entspricht, wird beim Ertragswertverfahren der Beleihungswert als Summe aus dem Bodenwert und dem Gebäude-Ertragswert (der aus den zu erwartenden Mieteinnahmen resultiert) gebildet.
- Da das Finanzierungsobjekt von den Kunden selbst genutzt und nicht vermietet werden soll, ist nicht mit nachhaltigen Erträgen zu rechnen.
- Deshalb wird bei der Beleihungswertermittlung von Grundstücken, bei denen die Eigennutzung der Immobilie im Vordergrund steht, das Sachwertverfahren angewandt.

Fortsetzung auf der nächsten Seite

3.06

Fortsetzung

d)

da) **Eintragung des Wohnrechts**

Die Eintragung eines Wohnrechts ist ein Nießbrauchrecht und zählt zu den Dienstbarkeiten. Dienstbarkeiten gehören neben der Reallast und sonstigen Lasten und Beschränkungen zu den Lasten und Beschränkungen, die in der 2. Abteilung des Grundbuches eingetragen werden.

db) **Bewertung eines Wohnrechts**

- Grundsätzlich wird die ortsübliche Vergleichsmiete herangezogen und auf ein Jahr hochgerechnet.
- Anhand von Sterbetafeln ist die durchschnittliche Lebenserwartung der durch das Wohnrecht berechtigten Person festzustellen.
- Die Lebenserwartung (in Jahren) nach der Sterbetafel wird mit dem Jahresmietwert multipliziert.
- Das Ergebnis ist der Wert des Wohnrechts.
- Demzufolge sind die wertbestimmenden Faktoren:
  a) die theoretisch erzielbare Miete,
  b) das Lebensalter
  c) das Geschlecht der berechtigten Person (weil sich anhand dieser beiden letzten Faktoren die statistische Lebenserwartung berechnen lässt).

dc) **Rangfolge der Eintragungen**

- Ist ein Grundstück mit mehreren Rechten belastet, so entscheidet der Rang der einzelnen Rechte über die Reihenfolge der Befriedigung.
- Für das Kreditinstitut muss das Wohnrecht demnach im Rang nach der Grundschuld für das Kreditinstitut eingetragen werden, da ansonsten die Grundschuld nicht viel Wert hat, denn wer ersteigert schon ein Grundstück, auf dem ein Wohnrecht lastet?
- Allerdings ist diese Regelung nachteilig für die Person, die das Wohnrecht besitzt, denn nach den Regeln der Zwangsversteigerung (Rangklassen-Prinzip) erlöschen im Grundbuch sämtliche im Rang nach oder im Gleichrang mit dem das Verfahren betreibenden Gläubiger eingetragenen Rechte sowie das Recht des betreibenden Gläubigers selbst.

Fortsetzung auf der nächsten Seite

3.06

Fortsetzung

e)

ea) **Finanzierungsplan**

Ermittlung der Gesamtkosten:

Grundstück	75.000 EUR
Baukosten	160.000 EUR
Baunebenkosten (ca. 10 %)	23.500 EUR
Gesamtkosten	258.500 EUR

Finanzierungsplan:

Bauspardarlehen	50.000 EUR
Sparguthaben	90.000 EUR
Bankdarlehen	118.500 EUR
Gesamtkosten	258.500 EUR

eb) **Vorteile des Bauspardarlehens gegenüber einem Annuitätendarlehen**

- relativ niedriger, fester Zins für die gesamte Laufzeit
- jederzeitige Rückzahlung oder Sondertilgung ohne Mehrkosten möglich (beim Annuitätendarlehen ist dieser Aspekt Verhandlungssache, der ggf. mit einem höheren Zins zu Buche schlägt oder Beschränkungen bezüglich der Höhe der Sondertilgung unterliegt)
- Besicherung einer Grundschuld an zweiter Rangstelle, sodass die erste Rangstelle für ein eventuelles Bankdarlehen zur Verfügung bleibt.
- eventuell kürzere Laufzeit wegen der höheren Tilgungsleistung

3.07

a) **Vorteile eines Notaranderkontos für Käufer und Verkäufer einer Immobilie**

Die Abwicklung von Zahlungen über ein Notaranderkonto hat den großen Vorteil, einseitige Vorleistungen zu vermeiden. Wer auf ein Notaranderkonto zahlt, gibt das Geld noch nicht endgültig „aus der Hand". Der Notar nimmt die Auszahlung an die andere Vertragspartei erst dann vor, wenn die entsprechenden Vertragsbedingungen erfüllt sind.

Diese Vorteile lassen sich anhand eines Kaufvertrages über eine Immobilie verdeutlichen: Je nach gewünschtem Termin zahlt der Käufer den Kaufpreis auf das speziell für diesen Fall eröffnete Notaranderkonto. Der Verkäufer hat damit bereits einerseits die Gewissheit, dass der Käufer die Finanzierung tatsächlich zustande bringt, und andererseits hat er die Sicherheit, dass er das Eigentum an der Immobilie nicht verliert, bevor nicht die Zahlung des Kaufpreises sichergestellt ist. Ausgezahlt wird der Kaufpreis aber erst dann, wenn alle Voraussetzungen dafür vorliegen, dass der Käufer lastenfreies Eigentum erwirbt. Damit hat der Käufer auch die Sicherheit, dass seine Kaufpreiszahlung an den Verkäufer erst dann erfolgt, wenn alle Voraussetzungen für die Eigentumsübertragung erfüllt sind.

b) **Verfügungen über ein Notaranderkonto**

Das Kreditinstitut darf den Überweisungsauftrag ausführen, denn es hat hinsichtlich der Rechtmäßigkeit der Kontoverfügungen durch den Notar keine Prüfungspflicht, auch dann nicht, wenn es sich wie im vorliegenden Fall um eine Überweisung vom Anderkonto auf das Geschäfts- oder sogar Privatgirokonto des Notars handelt. Diese Bestimmung findet sich auch in den *Bedingungen für Anderkonten* (Nr. 7) wieder.

c) **Güterstände**

Es ist zu prüfen, ob die Eheleute im Zustand der Zugewinngemeinschaft, der Gütertrennung oder Gütergemeinschaft leben. Denn bei Kreditaufnahmen von Ehegatten ist der eheliche Güterstand von Bedeutung, da sich je nach Güterstand unterschiedliche Vertretungs-, Verwaltungs- und Zustimmungsfragen ergeben. Bei der Zugewinngemeinschaft ist die Zustimmung des Ehepartners nicht zwingend erforderlich, es sei denn, dass ein Ehepartner über das gesamte Vermögen verfügen möchte. Bei Gütertrennung ist die Zustimmung nicht erforderlich, bei Gütergemeinschaft hingegen ist sie zwingend erforderlich. Allerdings wird in der Praxis darauf geachtet, dass der Kreditantrag von beiden Eheleuten unterschrieben wird. Damit haften beide als Gesamtschuldner.

Erläuterung der Güterstände:
Wenn keine besondere Vereinbarung unter den Eheleuten getroffen wird, gilt der gesetzliche Güterstand, die so genannte **Zugewinngemeinschaft.** Zugewinngemeinschaft bedeutet, dass jeder Ehegatte auch nach der Eheschließung alleiniger Inhaber seines Vermögens bleibt. Es entsteht kein gemeinschaftliches Vermögen (außer bei z. B. gemeinsam erworbenen Haushaltsgegenständen, dort erwirbt jeder Ehegatte dann ein Miteigentum an diesen Gegenständen).

Gütergemeinschaft bedeutet, dass das Vermögen der Eheleute grundsätzlich gemeinschaftliches Vermögen der beiden ist. Bei Eheschließung wird das gesamte vorhandene Vermögen beider Partner gemeinschaftliches Vermögen und gemeinschaftliches Eigentum. Das Gleiche gilt für in der Ehe erworbenes Vermögen (Ausnahmen sind das sogenannte Sondergut). Der Güterstand der Gütergemeinschaft wird durch einen notariell beurkundeten Ehevertrag vereinbart.

Gütertrennung bedeutet, dass die Vermögen der beiden Partner vollkommen getrennt voneinander bleiben (sowohl vor als auch in der Ehe). Beide haben ihr eigenes Vermögen und können darüber alleine verfügen. Die Vereinbarung der Gütertrennung muss notariell beurkundet werden.

Fortsetzung auf der nächsten Seite

3.07

Fortsetzung

d) **Eigentumsübertragung**

da) Der schuldrechtliche Anspruch entsteht mit Abschluss des Kaufvertrages: 15.03.20..

db) Die dingliche Einigung erfolgt mit der Auflassung: 15.03. 20..

dc) Der Eigentumserwerb erfolgt mit der Grundbucheintragung (Grundbuchumschreibung): 27.07.20..

e) **Unterschied zwischen schuldrechtlicher und dinglicher Einigung**

Die Auflassung ist die dingliche Einigung über den Eigentumsübergang zwischen Käufer und Verkäufer. Die Vertragspartner einigen sich darüber, dass das Eigentum an der Immobilie vom Verkäufer auf den Käufer übergeht. Diese Einigung muss vor einem Notar erklärt werden und dies geschieht regelmäßig bei der Aufstellung des Kaufvertrages, da hier ebenfalls ein Notar eingeschaltet werden muss (notarielle Beurkundung des Grundstückkaufvertrages).

Die schuldrechtliche Einigung ist der Grundstückskaufvertrag, d. h. Käufer und Verkäufer einigen sich über den Verkauf des Grundstücks (Kaufgegenstand, Kaufpreis, Zahlungsbedingungen, Übergang des wirtschaftlichen Eigentums).

f) **Grundbucheintragungen**

Laufende Nr. 1 der Eintragungen:
Hierbei handelt es sich um eine **Grunddienstbarkeit,** da dem jeweiligen Eigentümer eines anderen (herrschenden) Grundstücks einzelne Rechte an dem betroffenen (dienenden) Grundstück eingeräumt sind (Wegerecht).

Laufende Nr. 2 der Eintragungen:
Hierbei handelt es sich um eine **beschränkt persönliche Dienstbarkeit,** da das Recht zugunsten einer bestimmten Person eingetragen ist (im Gegensatz dazu steht die Grunddienstbarkeit, wobei das Recht zugunsten eines anderen Grundstückseigentümers eingetragen ist). Das Vorkaufsrecht gibt dem Begünstigten – bei jedem Verkauf – das Recht, in einem vom Grundstückseigentümer mit einem Dritten über das Grundstück geschlossenen Kaufvertrag zu den darin ausgehandelten Bedingungen einzutreten.

Laufende Nr. 3 der Eintragungen:
Hierbei handelt es sich um eine **Auflassungsvormerkung.** Die Auflassungsvormerkung wird zur Sicherung des Anspruchs auf die Übertragung des Grundstücks an den Erwerber in das Grundbuch, Abteilung II eingetragen. Verfügungen, die nach Eintragung einer Vormerkung getroffen werden, sind unwirksam, wenn sie den zu sichernden Anspruch beeinträchtigen.

> Der Begriff Auflassung stammt aus dem germanischen Rechtswesen und geht auf einen alten Brauch zurück: Beim Verkauf eines Grundstückes wurde stets das Tor bzw. die Tür offen gelassen, sodass sich jeder von der einvernehmlichen Übereignung überzeugen und den neuen bzw. zukünftigen Eigentümer sehen konnte.

Fortsetzung auf der nächsten Seite

Fortsetzung

g) **Berechnung des Tilgungsanteil in der Rate für den 2. Monat**

Ermittlung der Annuität:
5,1 % Annuität (3,6 % Zinsen + 1,5 % Tilgung) von 165.000,00 EUR = 8.415,00 EUR
8.415,00 EUR / 12 Monate = 701,25 EUR

	Darlehensbetrag	3,6 % Zinsen/Monat	1,5 % Tilgung/Monat	Monatsrate
1. Monat	165.000,00 EUR	495,00 EUR	206,25 EUR	701,25 EUR
2. Monat	164.793,75 EUR	494,38 EUR	206,87 EUR	701,25 EUR

Der Tilgungsanteil in der Rate für den 2. Monat beträgt **206,87 EUR.**

h) **Kündigungsmöglichkeit**

Die Kündigungsmöglichkeiten für grundpfandrechtlich gesicherte Darlehen, sog. Immobiliendarlehensverträge, sind im BGB geregelt (vgl. §§ 489, 490 BGB). Da der Zinssatz hier für 10 Jahre fest vereinbart war, besteht kein ordentliches Kündigungsrecht vor Ablauf der (10-jährigen) Zinsbindungsfrist. Der Darlehensnehmer kann das Darlehen unter Einhaltung einer Kündigungsfrist von einem Monat frühestens für den Ablauf des Tages kündigen, an dem die Zinsbindung endet.

§ 489 Ordentliches Kündigungsrecht des Darlehensnehmers

(1) Der Darlehensnehmer kann einen Darlehensvertrag mit gebundenem Sollzinssatz ganz oder teilweise kündigen,

1. wenn die Sollzinsbindung vor der für die Rückzahlung bestimmten Zeit endet und keine neue Vereinbarung über den Sollzinssatz getroffen ist, unter Einhaltung einer Kündigungsfrist von einem Monat frühestens für den Ablauf des Tages, an dem die Sollzinsbindung endet; ist eine Anpassung des Sollzinssatzes in bestimmten Zeiträumen bis zu einem Jahr vereinbart, so kann der Darlehensnehmer jeweils nur für den Ablauf des Tages, an dem die Sollzinsbindung endet, kündigen;
2. in jedem Fall nach Ablauf von zehn Jahren nach dem vollständigen Empfang unter Einhaltung einer Kündigungsfrist von sechs Monaten; wird nach dem Empfang des Darlehens eine neue Vereinbarung über die Zeit der Rückzahlung oder den Sollzinssatz getroffen, so tritt der Zeitpunkt dieser Vereinbarung an die Stelle des Zeitpunkts des Empfangs.

(2) Der Darlehensnehmer kann einen Darlehensvertrag mit veränderlichem Zinssatz jederzeit unter Einhaltung einer Kündigungsfrist von drei Monaten kündigen.

BGB – Auszug

3.08

a) **Beleihungswertermittlung für nicht vorwiegend selbst genutzte Wohnimmobilien**

Maßgeblich ist die Beleihungswertermittlung nach dem Ertragswertverfahren. Der Ertragswert wird folgendermaßen ermittelt:
((Jahresreinertrag – Bodenwertverzinsung) · Vervielfältiger) + Bodenwert

Jahresreinertrag = Jahresrohertrag – Bewirtschaftungskosten
Jahresrohertrag: 720 m² · 6,00 EUR · 12 Monate = 51.840,00 EUR
Bewirtschaftungskosten: 720 m² · 2,50 EUR · 12 Monate = 21.600,00 EUR
Jahresreinertrag: 51.840,00 EUR – 21.600,00 EUR = 30.240,00 EUR

Jahresreinertrag – Bodenwertverzinsung = Gebäudereinertrag
Bodenwertverzinsung: Bodenwert · Kapitalisierungszins
Bodenwert: 1.000 m² · 300,00 EUR / m² = 300.000,00 EUR
Bodenwertverzinsung: 300.000,00 EUR · 5 % = 15.000,00 EUR

Jahresreinertrag – Bodenwertverzinsung = Gebäudereinertrag
30.240,00 EUR – 15.000,00 EUR = 15.240,00 EUR

Ertragswert = Gebäudewert + Bodenwert
Gebäudewert: Vervielfältiger · Gebäudereinertrag = 16,37 · 15.240,00 = 249.478,80 EUR
Ertragswert = 300.000,00 EUR + 249.478,80 EUR = 549.478,80 EUR

→ abgerundet auf volle TEUR ergibt sich ein Beleihungswert von 549.000,00 EUR

Ermittlung der Beleihungsgrenze: 549.000,00 EUR · 60% = 329.400,00 EUR

Ein Darlehen in Höhe von 300.000,00 EUR liegt innerhalb der ermittelten Beleihungsgrenze und ist deshalb vertretbar.

b)

ba) Bedeutung der Zinsbindung

- Innerhalb der Zinsbindungsfrist gilt ein fest vereinbarter Zinssatz.
- Gemäß § 489 BGB ist die Kündigung eines Darlehens mit einer Frist von einem Monat zum Ende der Zinsbindung möglich, bei Zinsbindungsfristen ab 10 Jahren nach 10 Jahren unter Einhaltung einer Kündigungsfrist von 6 Monaten.
- Die Rückzahlung eines Darlehens vor Ablauf der Zinsbindung ist nur gegen Zahlung einer Vorfälligkeitsentschädigung möglich.
- Zum Ablauf der Zinsbindung vereinbaren Bank und Kunde einen neuen Zinssatz; für den Kunden besteht also ein Zinsänderungsrisiko zum Ende der jeweiligen Zinsbindungsfrist.
- Ein Zinssatz von 3,7 % ist im historischen Vergleich gering, sodass eher mit einem Zinsanstieg als mit einer Zinssenkung zu rechnen und eine längere Zinsbindung zu empfehlen ist.

Fortsetzung auf der nächsten Seite

Fortsetzung

bb) **Monatliche Belastung**

$$\text{Annuität} = \frac{\text{Darlehenssumme} \cdot (\text{Zinssatz} + \text{Tilgungssatz})}{12}$$

$$\text{Annuität} = \frac{300.000 \text{ EUR} \cdot 4{,}7\ \%}{12}$$

Annuität = 1.175,00 EUR

- Durch die regelmäßige Tilgung vermindert sich die Darlehenssumme, und damit vermindern sich auch die zu zahlenden Zinsen.
- Da die Annuität als Summe aus Zins- und Tilgungsleistungen konstant bleibt, erhöht sich der Tilgungsanteil während der Laufzeit regelmäßig um die ersparten Zinsen.

bc) **1-a-Darlehen**

- Darlehen innerhalb der 60 %-igen Beleihungsgrenze, das mit einer erstrangigen Grundschuld besichert ist.

c)

ca) **Vorteile der Grundschuld gegenüber Hypothek**

- Eine Grundschuld ist im Gegensatz zur Hypothek nicht an einen zugrunde liegenden Kredit gebunden (abstrakt).
- Deshalb kann ein über dem Darlehenszins liegender Rahmenzins eingetragen werden (z. B. 16 %), der auch für Zinsanhebungen ausreicht und Nebenleistungen absichert. Bei Konditionsänderungen für den Kredit muss damit keine Grundbuchänderung erfolgen, und auch die Zustimmung nachrangiger Gläubiger ist nicht nötig.
- Eine Grundschuld kann neu valutiert, d. h. für einen neuen Kredit wieder verwendet werden.

cb) **Zweckbestimmungserklärung und persönliche Haftungsübernahme**

Zweckbestimmungserklärung

- ist eine Sicherungsvereinbarung zwischen dem Grundstückseigentümer und der Bank, die die abstrakte Grundschuld an die bestehende Forderung bindet.
- Es wird vereinbart, für welche Forderung der Bank die Grundschuld als Sicherheit dient und wie die Freigabe der Sicherheit erfolgen soll.

Persönliche Haftungsübernahme

- Für die eingetragene Grundschuld haftet das Grundstück (dingliche Haftung), die Haftung erstreckt sich jedoch nicht auf den Grundstückseigentümer (wie das bei der Hypothek der Fall ist), d. h. es gibt keine persönliche Haftung.
- Deshalb lässt sich die Bank die persönliche Haftungsübernahme bescheinigen, d. h. der Kunde unterwirft sich der Zwangsvollstreckung in sein privates Vermögen.

Fortsetzung auf der nächsten Seite

3.08

Fortsetzung

cc) **Löschung der eingetragenen Grundschuld**

- Der Grundstückseigentümer hat nach Rückzahlung des Darlehens Anspruch auf Aushändigung einer löschungsfähigen Quittung oder einer Löschungsbewilligung durch den Gläubiger.
- Mit einer löschungsfähigen Quittung hat der Grundstückseigentümer die Wahl, die Grundschuld löschen zu lassen, sie als Eigentümer-Grundschuld weiter zu verwenden oder als erneutes Fremdrecht umzuschreiben.
- Mit einer Löschungsbewilligung kann der Grundstückseigentümer die Grundschuld löschen lassen.

Hinweis:

Für alle nach dem 01.01.1978 eingetragenen Grundpfandrechte haben nachrangige Gläubiger einen gesetzlichen Löschungsanspruch, d.h. sie können nach Rückzahlung eines gesicherten Darlehens die Löschung des Grundpfandrechtes verlangen.

3.09

a)

aa) **Unterlagen zur Kreditprüfung**

Aktuellen Auszug aus dem Handelsregister	Überprüfung der Rechts- und Geschäfts- und damit Kreditfähigkeit der GmbH
Persönliche Legitimation der Vertretungsberechtigten, insbesondere der Geschäftsführerin Frau Ortlieb	Verpflichtung gemäß § 154 AO
Jahresabschlüsse der vergangenen drei Jahre und vorläufige Bilanz des laufenden Jahres	materielle Kreditwürdigkeit, d. h. finanzielle Verhältnisse der GmbH
Lieferanten- und Abnehmerverzeichniss	Umfang und Werthaltigkeit der Aufträge
Angaben zum Vertriebsnetz	Einschätzung der Absatzmöglichkeiten
Produkt- und Marktinformationen	Einschätzung der Zukunftsaussichten

ab) **Bankauskunft**

- Auskünfte über juristische Personen (Firmenkunden) sind gemäß Ziffer 2 (3) AGB-B bzw. Nr. 3 AGB-S möglich, wenn der Kunde dem nicht widersprochen hat.
- Die anfragende Bank muss ein berechtigtes Interesse glaubhaft machen.
- Es werden allgemein gehaltene Auskünfte zur Kontoführung und Bonität des Kunden gegeben (wirtschaftliche Verhältnisse, Kreditwürdigkeit, Zahlungsfähigkeit).
- Es werden keine betragsmäßigen Angaben über Kontostände, Sparguthaben, sonstige Werte oder Höhe der Kreditinanspruchnahme gemacht.

§

2. Bankgeheimnis und Bankauskunft

2.3 Voraussetzungen für die Erteilung einer Bankauskunft

Die Bank ist befugt, über juristische Personen und im Handelsregister eingetragene Kaufleute Bankauskünfte zu erteilen, sofern sich die Anfrage auf ihre geschäftliche Tätigkeit bezieht. Die Bank erteilt jedoch keine Auskünfte, wenn ihr eine anders lautende Weisung des Kunden vorliegt. Bankauskünfte über andere Personen, insbesondere über Privatkunden und Vereinigungen, erteilt die Bank nur dann, wenn diese generell oder im Einzelfall ausdrücklich zugestimmt haben. Eine Bankauskunft wird nur erteilt, wenn der Anfragende ein berechtigtes Interesse an der gewünschten Auskunft glaubhaft dargelegt hat und kein Grund zu der Annahme besteht, dass schutzwürdige Belange des Kunden der Auskunftserteilung entgegenstehen.

Allgemeine Geschäftsbedingungen der Banken (2009) – Auszug

Fortsetzung auf der nächsten Seite

3.09

Fortsetzung

b)

ba) **Maximal zu vertretende Kredithöhe**

Wert der Forderungen als Sicherheit = Gesamtforderung – Abtretung ausgeschlossen – zweifelhafte Forderungen – 30 %

Wert der Forderungen als Sicherheit = 350.000 EUR – 50.000 EUR – 15.000 EUR – 30 %

Wert der Forderungen als Sicherheit = 285.000 EUR – 30 %

Wert der Forderungen als Sicherheit = 199.500 EUR

bb) **Finanzierungsmöglichkeit**

- Zur Finanzierung des Umlaufvermögens ist ein Kontokorrentkredit als Betriebsmittelkredit geeignet.
- Ein Kontokorrentkredit ist ein Kredit in laufender Rechnung nach den Vorschriften der §§ 355 ff. HGB.
- Er wird als Kreditlinie zur Verfügung gestellt, die laufend bis zur vereinbarten Höhe in Anspruch genommen werden kann.
- Die Rückführung erfolgt laufend durch die Forderungseingänge.

c)

ca) **Merkmale der Forderungsabtretung**

- Der Kreditnehmer (Zedent) überträgt seine Forderungen gegen bestimmte Schuldner an die Bank (Zessionar).
- Hier liegt eine Rahmenabtretung in Form der Globalzession vor, bei der alle gegenwärtigen und zukünftigen Forderungen gegen bestimmte Schuldner abgetreten werden.
- Die Individualisierung erfolgt durch die Bestimmung der Schuldner anhand der Anfangsbuchstaben der Familiennamen bzw. der Firmenbezeichnung.
- Die Abtretung erfolgt in der stillen Form, d. h. es erfolgt keine Benachrichtigung der Drittschuldner, sodass die Drittschuldner bis zu einer eventuell erforderlichen Offenlegung der Zession mit schuldbefreiender Wirkung an den Zedenten zahlen, der die erhaltene Zahlung zur Rückführung seines Kredites nutzen muss.

Fortsetzung auf der nächsten Seite

3.09

Fortsetzung

cb) **Risiken der Zession**

Risiko	Schutzmaßnahme
Die abgetretene Forderung existiert nicht.	Einsicht in die Debitorenbuchhaltung, Offenlegung der Abtretung
Zedent nutzt die eingehenden Forderungen nicht für die Tilgung des Kredites.	Offenlegung, denn dann kann der Drittschuldner mit schuldbefreiender Wirkung nur noch an die Bank zahlen.
Drittschuldner erkennt die Forderung nicht an, z. B. wegen Einwänden aus dem Grundgeschäft.	Vereinbarung eines angemessenen Sicherheitsabschlages für die Bewertung der Forderung (hier 30 %).
Forderung ist mit einem verlängerten Eigentumsvorbehalt behaftet.	Vertraglich werden nur Globalzessionen vereinbart, in denen die mit einem verlängerten Eigentumsvorbehalt gesicherten branchenüblichen Forderungen ausgenommen sind.
Drittschuldner zahlen nicht.	Bonitätsprüfung der Drittschuldner, Verpflichtung des Zedenten, die Ansprüche gegebenenfalls gerichtlich durchzusetzen.

3.10

a) **Raumsicherungsvertrag**

- Notwendig ist hierfür ein Raumsicherungsvertrag (mit wechselndem Lagerbestand).
- Raumsicherungsverträge werden abgeschlossen, wenn gattungsmäßig bestimmte Sachen (Sachgesamtheiten, wie z. B. Rohstoffbestände) in einem bestimmten Sicherungsgebiet (Lagerhalle, Lagerraum, besonderer Teil auf dem Betriebsgrundstück) sicherungsübereignet werden sollen.
- Die genaue Beschreibung des Sicherungsgutes (z. B. sämtliche Quarzsandvorräte) und des Sicherungsgebietes (hier: die Lagerhalle) ist im Vertrag anzugeben (z. B. Hallennummer und / oder Lagebeschreibung, ggf. mit Lagerskizze inklusive Kennzeichnung des sicherungsübereigneten, eindeutig bestimmbaren Bereichs).
- Mit Vertragsabschluss erwirbt die Bank das Eigentum an den Rohstoffbeständen in diesem Sicherungsgebiet.
- Da insbesondere bei Warenlagern ein ständiger Zugang und Abgang zu verzeichnen ist, ist in dem Sicherungsvertrag nicht nur der bestehende, gegenwärtige, sondern auch der zukünftige Warenbestand in diesem Lager zu übereignen. Dies erfolgt mittels eines antizipierten Besitzkonstituts.
- Im Rahmen von Rohstoff-Raumsicherungsverträgen ist die Vereinbarung einer Vorausabtretung bzw. einer Verarbeitungsklausel wichtig. Hiermit wird sichergestellt, dass die Eigentumsrechte beim Verkauf bzw. bei der Weiterverarbeitung der Rohstoffe nicht verloren gehen.
- Außerdem muss sich der Sicherungsgeber verpflichten, das Sicherungsgut ausreichend zu versichern (Brand, Diebstahl, Beschädigung) und die Versicherungsansprüche an die Bank abtreten.
- Sollte sich das Sicherungsgut in gemieteten Räumen / Lagerhallen befinden, könnte der Vermieter Ansprüche aus dem gesetzlichen Vermieterpfandrecht geltend machen. Zur Verhinderung dieser Ansprüche müsste der Vermieter entweder auf seine Ansprüche ausdrücklich verzichten oder die Mietzahlungen müssten überwacht werden, damit diese Ansprüche erst gar nicht entstehen.
- Außerdem sollte sich die Gartenbank AG Kaufverträge bzw. Nachweise über die Bezahlung der Ware vorlegen lassen, um sich vor eventuellen Eigentumsvorbehalten, die den Wert der eingelagerten Rohstoffe mindern würden, zu schützen.

b) **Sicherungsübereignung und wesentlicher Bestandteil**

- Die Präsentationseinrichtung ist nicht als wesentlicher Bestandteil des Gebäudes und damit des Grundstücks zu betrachten, da das Gebäude auch ohne diese Einrichtung voll funktionsfähig ist.
- Ob die Präsentationseinrichtung wesentlicher Bestandteil einer Sache ist, hängt davon ab, ob die Einrichtung ohne wesentliche Beschädigung wieder ausgebaut werden kann. Ist das nicht möglich, dann kann sie auch nicht sicherungsübereignet werden, da durch einen Ausbau zum Zwecke der Verwertung die Einrichtung derart beschädigt wird, dass ein sehr hoher Wertverlust die Folge ist.

Fortsetzung auf der nächsten Seite

3.10

Fortsetzung

c) **Investitionskredit und Abzahlungsdarlehen**

Investitionskredit

- der Investitionskredit dient der Finanzierung von Anlagevermögen
- eher langfristig angelegt
- die Laufzeit ist abhängig von der gewöhnlichen Abschreibungsdauer
- die Besicherung erfolgt i. d. R. durch die finanzierten Anlagegegenstände (Sicherungsübereignung).

Abzahlungsdarlehen:

- das Abzahlungsdarlehen ist gekennzeichnet durch gleichbleibende Tilgungsbeträge und fallende Zinsbeträge.
- dadurch ergibt sich eine sinkende Jahresleistung; bei monatlicher Verrechnung ergibt sich selbstverständlich auch eine sinkende Monatsleistung.

d) **Ermittlung der ersten beiden Raten**

Wegen der gewöhnlichen Nutzungsdauer von 8 Jahren wird von einer gleich langen Kreditlaufzeit ausgegangen.

2 Gabelstapler á 34.500,00 EUR = 69.000,00 EUR
69.000,00 EUR : 96 Monate = 718,75 EUR / Tilgung pro Monat

1. Rate:

$$\text{Zinsen: } \frac{69.000{,}00 \cdot 5{,}6 \cdot 90 \text{ Tage}}{360 \text{ Tage} \cdot 100} = 966{,}00 \text{ EUR / Quartal}$$

	2.156,25 EUR (Tilgung für 3 Monate)
+	966,00 EUR (Zinsen für 3 Monate)
=	3.122,25 EUR (1. Rate)

2. Rate:

	69.000,00 EUR (Darlehen)
–	2.156,25 EUR (Tilgung)
=	66.843,75 EUR (Restschuld)

$$\text{Zinsen: } \frac{66.843{,}75 \text{ EUR} \cdot 5{,}6 \cdot 90 \text{ Tage}}{360 \text{ Tage} \cdot 100} = 935{,}81 \text{ EUR}$$

	2.156,25 EUR (Tilgung für 3 Monate)
+	935,91 EUR (Zinsen für 3 Monate)
=	3.092,16 EUR (1. Rate)

Fortsetzung auf der nächsten Seite

3.10

Fortsetzung

e) **Sicherungsübereignung und Zubehörhaftung**

- Da auf dem Firmengelände, auf dem die Gabelstapler zum Einsatz kommen, bereits eine Grundschuld für eine andere Bank (Merkurbank AG) eingetragen ist, haften die Gabelstapler im Rahmen der Zubehörhaftung für diese Grundschuld, wenn die Sicherungsübereignung erst nach Auslieferung der Gabelstapler auf das Grundstück erfolgt.
- Wichtig ist demnach der Zeitpunkt der Auslieferung der Gabelstapler in Verbindung mit dem Abschluss des Sicherungsübereignungsvertrages: Wenn die Sicherungsübereignung nach Auslieferung der Gabelstapler auf das Grundstück erfolgt, haften diese für diese Grundschuld; erfolgt die Sicherungsübereignung vor Auslieferung auf das Grundstück, geht die Sicherungsübereignung vor.
- Grundpfandrechte erstrecken sich auch auf das Zubehör des belasteten Grundstücks.
- Zubehör eines Grundstücks sind alle bewegliche Sachen, die dauernd dem wirtschaftlichen Zweck des Grundstücks dienen (wirtschaftliches Abhängigkeitsverhältnis).

Auszug aus dem BGB

§ 97 Zubehör

(1) Zubehör sind bewegliche Sachen, die, ohne Bestandteile der Hauptsache zu sein, dem wirtschaftlichen Zwecke der Hauptsache zu dienen bestimmt sind und zu ihr in einem dieser Bestimmung entsprechenden räumlichen Verhältnis stehen. Eine Sache ist nicht Zubehör, wenn sie im Verkehr nicht als Zubehör angesehen wird.

f) **Zustandekommen der Sicherungsübereignung**

- der Sicherungsgeber (i. d. R. der Kreditnehmer) Herr Bednarz und die Gartenbank AG als Sicherungsnehmer schließen einen Sicherungsübereignungsvertrag ab.
- Zur Übereignung beweglicher Sachen sieht das BGB grundsätzlich die Einigung und Übergabe vor (vgl. § 929 BGB).
- Die Einigung ist der Vertrag (aus Beweisgründen schriftlich). Die Übergabe ist jedoch hier nicht sinnvoll, da die Gabelstapler genutzt werden müssen / sollen. Die Übergabe kann jedoch ersetzt werden durch die Vereinbarung eines Besitzkonstituts (Besitzmittlungsverhältnis).
- Das Besitzkonstitut kann in Form eines Leih- oder Mietvertrages vereinbart werden.
- Als Ergebnis des Besitzkonstituts (leihweise Überlassung des Sicherungsgutes) bleiben die Gabelstapler im Besitz des Sicherungsgebers (= unmittelbarer Besitzer) und können genutzt werden. Die Gartenbank AG wird (fiduziarische) Eigentümerin (und mittelbare Besitzerin) der Gabelstapler und hat damit die rechtliche Herrschaft über die Sache.

g) **Sicherungsabschlag**

Der Sicherungsabschlag wird wegen möglicher Mindererlöse (z. B. bei Zwangsverkauf, bei veraltetem Sicherungsgut) vorgenommen.

B

Mündliche Prüfung im Fach Kundenberatung

Lösungshinweise zu den Situationsaufgaben Kundenberatung

Ihre Notizen

Seite

II Situationsaufgaben – Kundenberatung

Ihre Notizen

Gesprächsansätze

Kontoeröffnung für eine minderjährige Auszubildende

Begrüßung	
Kontaktthema	Beginn der Ausbildung
Bedarfsanalyse	Die Kundin möchte ein Konto für ihre Ausbildungsvergütung eröffnen, wahrscheinlich denkt sie dabei an ein Girokonto. Da Sie aber nicht davon ausgehen können, dass die Kundin die verschiedenen Kontoarten kennt, müssten Sie hier überprüfen, was genau das zu eröffnende Konto leisten soll (Verwendungszweck des Kontos).
Angebot	– Passende Kontoart anbieten, wahrscheinlich ein Girokonto – Mit dem Angebot die Vorteile und den Nutzen dieses Kontos für die Kundin verbinden (die meisten Kreditinstitute führen spezielle kostenlose Girokonten für Jugendliche) – Die Kundin fragen, ob sie mit den verschiedenen Zahlungsformen vertraut ist und wenn nicht, diese dann erläutern – Da die Kundin noch minderjährig ist, kann ihr die gewünschte Debit-Karte nicht ausgestellt werden. Die Ablehnung muss ihr begründet und eventuell eine Alternative angeboten werden (Servicekarte, Geldkarte).
Vertragsabschluss	– Vertragsdaten abfragen – Legitimation prüfen – Da die Kundin noch nicht voll geschäftsfähig ist, benötigen Sie zur Kontoeröffnung die Zustimmung ihrer Eltern – Legitimationsprüfung und Unterschrift der Eltern – Hinweis auf AGB, GwG, Sonderbedingungen
Zusatzverkauf	– Ein Angebot über die Anlage der vermögenswirksamen Leistungen – Sparen eines regelmäßigen Betrages
Verabschiedung	

KB 1.02

Gesprächsansätze

Nachlassbearbeitung

Hinweis:

Bei den hier angesprochenen Aspekten handelt es sich um einen Maximalkatalog. Je nach Beratungssituation sind nicht alle Aspekte in der vorgeschlagenen Tiefe / Ausführlichkeit zu erörtern.

Begrüßung	
Kontaktthema	– Kondolenz zum Tod des Vaters – langjährige Betreuung als geschätzten Kunden
Bearbeitung	– Der Kundin erläutern, dass die Gartenbank AG im Nachlassfall besondere gesetzliche Vorschriften beachten müsse – Prüfen der Erbenlegitimation: der Erbschein weist neben der Ehefrau die beiden ehelichen Kinder des Paares aus. Sie bitten den Sohn, sich zu legitimieren. – Verfügungen: Allgemein gilt, dass Verfügungen nur von allen drei Erben gemeinsam getätigt werden können. Problematisch ist hier die Abwesenheit der Schwester (Singapur). – Allerdings sind Verfügungen über das Privatgirokonto weiterhin durch die Ehefrau möglich, da sie eine Vollmacht über den Tod hinaus hat. Dies sollte bis zu Kontoumschreibung oder Auflösung auch so belassen werden. – Sollte der Sohn wünschen, dass seine Mutter nicht allein über das Konto verfügungsberechtigt sein soll, könnte er als Miterbe diese Vollmacht widerrufen. Dieser Widerruf hätte zur Folge, dass seine Mutter dann nur noch gemeinsam mit dem Sohn über das Konto verfügen kann. (Da es sich hierbei um einen sehr sensiblen Aspekt handelt, sollte der Kundenberater den Gesprächsverlauf abwarten und gut überlegen, ob und wann er diesen Aspekt anspricht – ggf. eine entsprechende Frage des Kunden abwarten.) – Verfügungen über die anderen Konten sind nur gemeinsam durch alle Erben möglich. Allerdings können sich die Erben gegenseitig bevollmächtigen. Die Legitimationsprüfung und Vollmachterteilung der abwesenden Schwester könnte über eine Korrespondenzbank der Gartenbank AG oder ggf. der Deutschen Botschaft in Singapur erfolgen (langwierig!), das sollte unbedingt in die Wege geleitet werden. – den Sohn um die Debit-Karte des Vaters bitten und die Karte sperren – Zahlungsverkehrsvorgänge regeln: Daueraufträge löschen / ändern lassen (durch die Ehefrau), Einzugsermächtigungen bei den Zahlungsempfängern widerrufen, Hinweis, dass die Lebens-, Kranken- und Rentenversicherung des Vaters informiert werden müssen.

Fortsetzung auf der nächsten Seite

KB 1.02

Fortsetzung

Bearbeitung	– Hinweis Bestattungskosten: versuchen, dass die Mutter als Kontobevollmächtigte diesen Auftrag erteilt, ansonsten sollte sich die Bank vom Auftraggeber eine Haftungserklärung unterschreiben lassen, in der er sich verpflichtet, bei Streitigkeiten der Erben den Betrag wieder bereitzustellen (aus Beweisgründen sollte eine Kopie der Bestattungsrechnung zu den Unterlagen genommen werden). – Frage, ob das Girokonto sofort aufgelöst werden soll (Hinweis: hier sollten die Auszubildenden die institutsinternen Vorschriften kennen, in manchen Kreditinstituten darf der Bevollmächtigte das Konto (nicht) auflösen) – Bevollmächtigte allein kann das Konto nicht umschreiben lassen, nur die Erbengemeinschaft. Vorschlag: Umschreiben des Privatgirokontos auf Annerose Friebert mit Vollmacht (Einzelverfügungsberechtigung) für den Sohn. Das Mietkautionskonto und das Schließfach müssen auch umgeschrieben werden. – Das Sparkonto (12 Monate Kündigungsfrist) kann mit Zustimmung aller Erben umgeschrieben, gekündigt oder auch sofort unter Vorlage des Buches aufgelöst werden, im letzteren Fall kann auf die Berechnung von Vorschusszinsen verzichtet werden. Sollte das Buch nicht aufzufinden sein, ist eine Verlustmeldung aufzunehmen. – Sparbriefe können nicht vorzeitig zurückgegeben werden (eine Beleihung ist möglich, jedoch nicht zu empfehlen) d. h. sie sollten bis zum Ablauf behalten werden; Umschreibung auf die Erben. – Versuch, das Depot im Haus zu behalten und auf die Erben umzuschreiben bzw. aufzuteilen. – Kontovertrag zugunsten Mechthild Huber ansprechen, ggf. Situation erklären lassen, Hinweis geben, dass Frau Huber bereits informiert ist (Schenkung war ja schon angenommen) und dass das Konto demnächst umgeschrieben wird. – Freistellungsauftrag: Mit dem Tod erlischt der Freistellungsauftrag auf allen Konten (Einzel- und Gemeinschaftskonten) des Erblassers. Allerdings bleibt er bis zum Ende des Jahres weiterhin wirksam. Im kommenden Jahr ermäßigt sich der Freistellungsauftrag für Annerose Friebert dann auf 801,00 EUR. Für Konten auf den Namen des überlebenden Ehegatten, Annerose Friebert, bleibt der Freistellungsauftrag bestehen. – Meldung an das Finanzamt für Erbschaftssteuer. Gemeldet werden 26.176,27 EUR zuzüglich der bis zum Todestag aufgelaufenen Zinsen / Stückzinsen und das Vorhandensein eines Schließfaches.
Zusatzverkauf	– Über Anlagemöglichkeiten für den geerbten Betrag beraten – dazu eine Bedarfsanalyse und Angebot(e) erstellen, Vertragsabschluss herbeiführen (ggf. neue Terminvereinbarung).
Verabschiedung	

KB 1.03

Gesprächsansätze

Zahlungsmöglichkeiten für ein Restaurant

Begrüßung	
Kontaktthema	Letzter Besuch im Restaurant „Belvedere"; grundsätzliche Frage, wie die Geschäfte laufen
Bedarfsermittlung	– Klären, welche Möglichkeiten den Gästen zur Bezahlung bisher zur Verfügung standen – Klären, in welchem Umfang die Zahlung per Karte von den Gästen gewünscht wird – Fragen, mit welchen Karten die Gäste bezahlen möchten
Angebot	– Dem Kunden die verschiedenen Kartenzahlungssysteme vorstellen und nach Anwendbarkeit, Sicherheit, Kosten und Zahlungseingang unterscheiden – Technische Voraussetzungen erläutern
Vertragsabschluss	Empfehlung geben und die vertraglichen Bestandteile klären
Zusatzverkauf	– Klären, ob der Kunde als Zahlungspflichtiger für das Restaurant oder für sich privat die anfallenden Zahlungen effektiv abwickelt – Versicherungen geschäftlich und privat – Kreditmöglichkeiten (Renovierung, Ausbau)
Verabschiedung	

Fortsetzung auf der nächsten Seite

Fortsetzung

Gesprächsansätze

Kartenzahlungssysteme im Überblick

	electronic cash	**edc/ maestro**	**ELV**	**Geldkarte**	**Kreditkarte**
Beqeumlichkeit für den Kunden	Debit-Karte und Eingabe der PIN	Debit-Karte und Eingabe der PIN	Debit-Karte und Unterschrift	Geldkarte (Debit-Karte oder andere Karte mit Chip) ohne Unterschrift oder PIN	Kreditkarte und Unterschrift
Abbuchung der Zahlung beim Kunden	wenige Tage später, Verfügungsrahmen sofort reduziert	wenige Tage später, Verfügungsrahmen sofort reduziert	wenige Tage später	im Voraus bei Aufladen der Karte	je nach Ausstattung der Karte, bis zu 6 Wochen später
Sicherheit des Zahlungseinganges für das Restaurant	hohe Sicherheit wegen Online-Sperr- und Bonitätsprüfung der Karte	hohe Sicherheit wegen Online-Sperr- und Bonitätsprüfung der Karte	geringere Sicherheit, da weder Sperr- noch Bonitätsprüfung	hohe Sicherheit, weil nur Beträge verfügt werden können, die auf der Karte zur Verfügung gestellt wurden	hohe Sicherheit, weil Kreditkartengesellschaft die Verpflichtung zur Bezahlung übernimmt
Kosten	0,3 % Provision vom Umsatz, mind. 0,08 EUR, 0,15 – 0,20 EUR Transaktions gebühr, Online-/ Telefonkosten	0,95 % Provision vom Umsatz, 0,15 – 0,20 EUR Transaktions gebühr, Online-/ Telefonkosten	0,15 – 0,20 EUR Transaktionsgebühr	0,3 % vom Umsatz, mind. 0,01EUR	2,5 % – 7 % Provision vom Umsatz
Zahlungseingang für das Restaurant	tägliche Gutschrift im Zuge eines Lastschrift-Inkassos	tägliche Gutschrift im Zuge eines Lastschrift-Inkassos	täglich als E.v.-Gutschrift im Zuge eines Lastschrift-Inkassos	tägliche Vergütung	je nach Vereinbarung mit der Kreditkartengesellschaft

Alle Kartenzahlungssysteme sind über dasselbe Terminal möglich.

Kosten für das Terminal:

- Kauf: je nach Leistungsumfang ca. 1.000 EUR bis 1.500 EUR zzgl. monatliche Gebühr für technischen Kundendienst
- Miete: je nach Leistungsumfang ca. 20 EUR bis 60 EUR monatlich

KB 1.04

Gesprächsansätze

Dokumentäre Zahlungsformen im Außenhandel

<table>
<tr><td>Begrüßung</td><td></td></tr>
<tr><td>Kontaktthema</td><td>Positive Entwicklung der Geschäfte des Unternehmens, die Fachmesse</td></tr>
<tr><td>Bedarfsanalyse</td><td>– Klären, wie viele Kenntnisse die Kundin über die Zahlungsformen hat
– Klären, welche Aspekte der Kundin besonders wichtig sind (Zahlungssicherheit, Kosten, zusätzliche Bestätigung der Zahlung u. a.).
– Klären, ob der südafrikanische Geschäftspartner bekannt ist, ob es zuverlässige Referenzen/Auskünfte gibt.</td></tr>
<tr><td>Angebot:</td><td>Beratung der Kundin über die beiden Zahlungsformen:
– Ablauf, Abwicklung des Dokumenteninkassos und des Dokumentenakkreditivs (kundengerechte Darstellung, ggf. mit einer kurzen Skizze verdeutlichen)
– Zur Verdeutlichung: Gegenüberstellung der Vor- und Nachteile beider Zahlungsformen für die Lineo GmbH (als Exporteur):
<table>
<tr><td></td><td>Dokumenteninkasso</td><td>Dokumentenakkreditiv</td></tr>
<tr><td>Vorteile für die Lineo GmbH</td><td>– Die Lineo GmbH hat die Sicherheit, dass dem Importeur die Dokumente nur gegen Zahlung (d/p) oder Akzept (d/a) durch die Gartenbank ausgehändigt werden.
– Der Zahlungseingang ist gesichert, sobald der Importeur die angedienten Dokumente aufgenommen hat.</td><td>– Der Zahlungseingang ist für die Lineo GmbH durch das Schuldversprechen der Bank des Importeurs (ggf. bei Bestätigung durch die Bank der Lineo GmbH) gesichert, wenn die Akkreditivbedingungen erfüllt werden.
– Die Lineo GmbH erhält die Zahlung bereits bei Einreichen akkreditivkonformer Dokumente
– Es bestehen keine Warenannahme-, Zahlungs-, Verwertungs- und Rücktransportrisiken.</td></tr>
<tr><td>Nachteile für die Lineo GmbH</td><td>– Die Lineo GmbH muss erhebliche (noch nicht bezahlte) Vorleistungen durch die Produktion und den Transport der Ware erbringen.
– Nimmt der Importeur die Ware nicht an, trägt die Lineo GmbH die Folgen der Nichtannahme (z. B. Verderb der Ware, Lagerkosten, Rückverschiffungskosten und ggf. Verkauf unter Wert).</td><td>– Beim unbestätigten Akkreditiv besteht das Länder- und Bonitätsrisiko, z. B. die Bank des Importeurs wird zahlungsunfähig.</td></tr>
</table>
– Welche Gebühren entstehen bei der jeweiligen Zahlungsform (vgl. Preis- und Leistungsverzeichnis)?</td></tr>
</table>

Fortsetzung auf der nächsten Seite

Fortsetzung

Gesprächsansätze

Dokumentäre Zahlungsformen im Außenhandel

Angebot:	**Zusammenfassung beider Zahlungsformen:** Das Dokumenteninkasso ist ein Kompromiss zwischen dem Sicherheitsstreben des Exporteurs und einer eventuellen Abneigung des Importeurs zur Erstellung eines Akkreditivs. Aus Sicht des Exporteurs ist das Dokumenteninkasso nur zu empfehlen, wenn die Zahlungswilligkeit und Zahlungsfähigkeit des Importeurs einwandfrei sind. Das Dokumentenakkreditiv bietet die größte Zahlungs- und (Lieferungs-) Sicherheit, wenn sich die Handelspartner nicht hinreichend kennen bzw. die Bonität / Vertragstreue des Kontrahenten nicht ausreichend beurteilt werden können.
Vertragsabschluss	Ist an dieser Stelle noch nicht möglich, da zunächst in den Kaufvertragsverhandlungen mit dem südafrikanischen Partner die Zahlungsformen festgelegt werden müssen. Bereitschaft zur kompetenten Begleitung bei dem bevorstehenden Auslandsgeschäft signalisieren.
Zusatzverkauf	Devisentermingeschäfte. Der Kundin in diesem Zusammenhang erklären, dass eine Fakturierung in Heimatwährung (Euro) immer günstiger / kalkulationssicherer für sie ist.
Verabschiedung	

KB 1.05

Gesprächsansätze

Kontoeröffnung für einen Verein

Begrüßung	
Kontaktthema	Glückwunsch zur Wahl des 1. Vorsitzenden; der Verein (Mitgliedszahlen, Aktivitäten, die neugebaute Tennishalle, Veranstaltungen)
Bedarfsanalyse	– Vereinskontoeröffnung; Kontoart? (wenn Interesse (auch) an einem Sparkonto besteht, nach einem Freistellungsbescheid fragen) – Verfügungsberechtigungen (Kassenwart? Alle Vorstandsmitglieder? Einzelverfügungsberechtigungen sind möglich und praktikabler; gesetzl. Vertretungsregelung bei Vereinen kennen) – Zahlungsabwicklung: • fragen, ob auch Online-Banking in Frage kommt • fragen, wie Mitgliedsbeiträge bezahlt werden (sollen) • fragen, wer in welcher Form Kontoauszüge erhalten soll
Angebot	– Vorstellung verschiedener (Giro-)Kontomodelle (auch Online-Banking) mit entsprechender Konditionengestaltung – Nur Vorbereitung der Eröffnung eines Girokontos, da eine notwendige zweite vertretungsberechtigte Person heute nicht anwesend ist – Hinweis auf die Bedeutung der einzelnen Bestandteile des Kontoeröffnungsantrages – Darstellung des Online-Bankings (HBCI-Chipkarte; PIN/TAN-Verfahren, verschiedene TAN-Verfahren darstellen) Hinweis: Auszubildende sollten die Verfahren, die in ihrem Haus angeboten sind, kennen und erklären können. – Darstellung des Lastschriftverfahrens (SEPA / Einzugsermächtigungsverfahren): SEPA-Mandat / Einzugsermächtigung der Mitglieder, Einreichung, Lastschriftobligo, Rückgabe, Preise, Fristen (bei SEPA) – Vorbereitung einer Vereinbarung über den Einzug von Forderungen durch Lastschriften (Inkassovereinbarung) für die Mitgliedsbeiträge – Vorbereitung eines Antrags zur Ausstellung einer Kunden- / Servicekarte zur Nutzung von Selbstbedienungsterminals
Vertragsabschluss	– Legitimationsprüfung des anwesenden Peter Lürssen (Kopie der Legitimationsurkunden) – zu einem späteren Zeitpunkt, wenn sich eine zweite vertretungsberechtigte Person legitimiert
Zusatzverkauf	– Anlage von Vereinsbeiträgen
Verabschiedung	

KB 2.01

Gesprächsansätze

Finanzielle Vorsorge für einen Minderjährigen

Begrüßung	
Kontaktthema	Glückwunsch zur Geburt des Kindes
Bedarfsanalyse	– Zeithorizont für die Anlage klären (14, 18, 21 Jahre) – Anlagebetrag (regelmäßig oder Einmalanlage) erfragen, um eine Empfehlung abgeben zu können, auch das derzeitige Einkommen der Mutter erfragen (Erziehungsgeld, Kindergeld) – Risikobereitschaft
Angebot	– Anlage über den gewünschten Zeitraum unter Berücksichtigung der Risikobereitschaft anbieten (Ratensparvertrag, Investmentsparvertrag usw.) – Vor- und Nachteile erläutern – Da längerer Zeitraum, Möglichkeiten der Ratenaussetzung oder vorzeitigen Verfügung erläutern – Möglichkeiten der Betragsänderung, wenn Mutter nach einem Jahr wieder regelmäßiges, höheres Einkommen hat – Modellrechnung (wenigstens näherungsweise) – Möglichkeiten der Kontobezeichnung erläutern (Namen der Eltern; Namen des Kindes, wobei Vorteil des eigenen Freistellungsauftrages)
Vertragsabschluss	– Vertrag ausfüllen und besprechen – Vorschriften des WpHG beachten (z. B. bei Investmentanlage) Freistellungsauftrag hereinnehmen
Zusatzverkauf	– Vorsorge für das Ehepaar / die Familie (insbesondere Risiko-Lebensversicherung, Berufsunfähigkeits-Zusatzversicherung) – ertragreichere Anlage des Sparkontos – Erhöhung der Bausparsumme
Verabschiedung	

KB 2.02

Gesprächsansätze

Fälliger Vertrag zugunsten Dritter

Begrüßung	
Kontaktthema	– Glückwunsch zum 18. Geburtstag (Volljährigkeit) – Überraschende Schenkung
Bearbeitung	– Ziel sollte es sein, Herrn Ward mit dem Anlagebetrag als Kunden zu gewinnen, deshalb Information über Anlagemöglichkeiten
Bedarfsanalyse	– Dem Kunden erklären, dass Sie für ein passendes Angebot einige Angaben von ihm benötigen – Derzeitige berufliche Situation erfragen (eigenes Einkommen?) – Welcher Betrag soll angelegt werden (vielleicht will der Kunde einen Teil sofort, z. B. für einen Urlaub verwenden) – Anlagedauer – Risikobereitschaft
Angebot	– Eventuell den Betrag splitten, z. B. 2.500 EUR liquide anlegen, den Rest längerfristig – Anlage in Einzelwerten nur bei Renten zu empfehlen (weil bei geringem Anlagevolumen die Streuung zu gering wäre und das ist bei Aktien zu risikoreich) – Vor- und Nachteile erläutern – Anlage in Investmentfonds (Renten, Aktien) – Prinzip der Investmentanlage erläutern – Vor- und Nachteile erläutern
Vertragsabschluss	– Vertrag für geeignete Anlage abschließen und besprechen – Vorschriften des WpHG beachten – Freistellungsauftrag hereinnehmen
Zusatzverkauf	– Allgemein über die Leistungen der Bank informieren – Girokonto
Verabschiedung	

Gesprächsansätze

Erstmalige Geldanlage in Aktien

Hinweis: Die im Angebot aufgezählten Aspekte sind hier nur mit Stichworten dargestellt, damit sich der Auszubildende ein Bild über die mögliche Gesprächsentwicklung machen kann. Bei diesem Beratungsgespräch ist es wichtig, grundlegende, auf den Kunden (die Analyse, den Gesprächsverlauf) abgestimmte Informationen zu geben.

Begrüßung	
Kontaktthema	Smalltalk (Wetter, Parkplatz, bevorstehender Urlaub…)
Bedarfsanalyse	– Kenntnisstand über Aktien / Aktienkäufe – Welche Fonds hatte die Kundin bisher? Laufzeit der Fonds? (auch zwecks Risikoeinschätzung) – Höhe und Dauer der geplanten Geldanlage / Herkunft der Mittel? – Risikoanalyse / Anlagenziele – Online-Banking?
Angebot	Kurze Darstellung einer Geldanlage in Aktien (ggf. unter Zuhilfenahme eines Börsenteils aus einer Zeitung – auch fiktiv –), insbesondere hinsichtlich: – der analysierten Risikobereitschaft / Anlageziele – Liquidität – Verwahrung / Wertpapierdepot (Vorteile) – Kosten (ggf. auf Onlineaufträge eingehen; Voraussetzungen für das Online-Banking abklären) – Risiken (auch Kurs- und Dividendenrisiko) – Steueraspekt – Kurse und Kurszusätze – Aktionärsrechte – Begriffserklärungen liefern, die im Laufe des Gesprächs auftauchen (z. B. DAX, Limit, Stückaktien, Nennbetragsaktien u. v. m.) Hinweis: Die Auszubildenden müssen aufpassen, dass sie den Kunden nicht mit Detailinformationen überfordern. Es ist ein erstes Kennenlernen einer Aktienanlage. Entscheidend ist ein erster, vollständiger Überblick über die wichtigsten Aspekte einer Aktienanlage. – Empfehlung bestimmter (weniger) Aktien (z. B. DAX-Werte wegen der Liquidität und Volatilität)
Vertragsabschluss	– Vorschriften des WpHG beachten – Kaufauftrag / -aufträge hereinnehmen – Kosten erläutern – Freistellungsauftrag überprüfen – Angebot, bei Rückfragen zur Verfügung zu stehen
Zusatzverkauf	– Online-Banking – monatliches Sparen (Tochter)
Verabschiedung	– Erfolg für die Aktientransaktionen wünschen – Visitenkarte mit Telefonnummer für Rückfragen

Fortsetzung auf der nächsten Seite

KB 2.03

Fortsetzung

Gesprächsansätze

Depotanalyse Beispiel

	ISIN	Nennwert/Stück	Kurs vom 18.06.20..	Kurswert
3,375% Anleihe SELTA AG bis 30.05.20..	DE 000 AOEUB86	5.000 EUR	101,65 %	5.082,50 EUR
Bundesschatzbrief Typ A bis 01.01.20..	110655	5.000 EUR		5.000,00 EUR
Vimeneon Aktien	DE 000 6231004	1.500 Stück	2,36	3.540,00 EUR
Carl Meiss Agrotec	DE 000 531370	1.000 Stück	9,81	9.810,00 EUR
Windkraft AG Aktien	DE 000 5108491	200 Stück	18,17	3.634,00 EUR
				27.066,50 EUR

Rentenanteil ca. 30 %, Aktienanteil ca. 70 %, wobei nur ein DAX-30-Wert und zwei Titel des Tec-DAX, Anlage bewegt sich zwischen wachstumsorientiert und risikoreich (chancenorientiert)

Modell-Portfolios

Sicherheitsorientiert	Wachstumsorientiert	Chancenorientiert
– Sicherheit der Anlage und des Ertrages stehen im Vordergrund – Geringe Risikobereitschaft	– Wunsch nach höheren Erträgen – Dafür wird höheres Risiko in Kauf genommen	– Sehr hohe (vor allem kurzfristige) Risikobereitschaft – Dafür langfristig sehr große Wertentwicklung
Liquidität 3 % Renten 72 % Aktien 25 %	Liquidität 5 % Renten 40 % Aktien 55 %	Liquidität 4 % Renten 3 % Aktien und Derivate 93 %

Gesprächsansätze

Verwahrung und Verwaltung von Wertpapieren

Begrüßung	
Kontaktthema	neutral (Wetter, Parkplatz)
Bearbeitung	– Hereinnahme der Dividendenscheine Nr. 11 zur Einlösung – Prüfung auf Echtheit und Opposition (Verlustmeldung) – Berechnung des Auszahlbetrages für den Kunden (siehe Anlage) – Gebühren berücksichtigen – Information über Abgeltungssteuer
Zusatzverkauf	Bedarfsanalyse – Kapitalertragssteuer (KeSt) und Soli-Zuschlag müssten nicht abgezogen werden, wenn der Kunde die Wertpapiere im Depot verwahrt hätte, dann auch automatisch Information über stattfindende Hauptversammlung Angebot – Verwahrung der Wertpapiere im offenen Depot – Vorteile, Leistungen, Kosten darstellen Vertragsabschluss – Depoteröffnung
Verabschiedung	

Fortsetzung auf der nächsten Seite.

Fortsetzung auf der nächsten Seite

KB 2.04

Fortsetzung

Gesprächsansätze

Berechnung des Auszahlbetrages

Gewinn vor Steuern
– 15 % KöSt.
– 5,5 % Soli-Zuschlag auf den KöSt-Betrag

= Bruttodividende (veröffentlichte Dividende)
– 25 % Abgeltungssteuer
– 5,5 % Soli-Zuschlag auf den Betrag der Abgeltungssteuer
– 8 %/9 % Kirchensteuer auf die Bruttodividende

= Nettodividende

Da der Kunde die Wertpapiere nicht im Depot der Bank, sondern selbst zu Hause verwahrt, stellt die Dividendenauszahlung ein Tafelgeschäft dar, und für dieses gilt der eingereichte Freistellungsauftrag nicht. Der Kunde erhält also die Nettodividende ausgezahlt.

100 Aktien · 0,60 EUR Dividende = 60 EUR

Für den gesamten Betrag werden Abgeltungssteuer und Soli berechnet.

Auszahlbetrag
= 60 EUR – Abgeltungssteuer – Soli
= 60 EUR – 15,00 EUR – 0,82 EUR
= 44,18 EUR

Hinweis:

Ergibt sich bei der Berechnung des Soli-Zuschlages ein Wert mit mehr als zwei Nachkommastellen, bleiben die Bruchteile eines Cents außer Ansatz, d. h. es wird auf zwei Stellen nach dem Komma abgerundet.

KB 2.05

Gesprächsansätze

Anlage vermögenswirksamer Leistungen

Begrüßung	
Kontaktthema	Neuer Arbeitsvertrag/ neue Arbeitsstelle
Bedarfsanalyse	– Es sollen monatlich 27 EUR VL angelegt werden. – Das System der staatlichen Förderung der Vermögensbildung erläutern – und dann überprüfen, ob das zu versteuernde Einkommen unterhalb der Grenze zum Erhalt der AN-Sparzulage / Wohnungsbauprämie liegt. – Klären, ob der Anlagebetrag aus eigenen Mitteln erhöht werden soll, damit die gesamte staatliche Förderung ausgenutzt werden kann.
Angebot	– Da Frau Thomsen mit ihrem Einkommen zum geförderten Personenkreis gehört, vorrangig die Anlagen anbieten, die staatlich gefördert werden. – Investmentsparvertrag und Bausparvertrag erläutern – Modellrechnungen durchführen – Voraussetzungen zum Erhalt der Förderung erläutern – Vor- und Nachteile der beiden angebotenen Anlageformen darstellen (Investment hat höhere Förderung, aber Risiko des Aktienmarktes, Bausparen hat geringere Förderung, bietet aber Anspruch auf zinsgünstiges Baudarlehen)
Vertragsabschluss	– Vertrag ausfüllen und erläutern – Bei Investmentanlage die Vorschriften des WpHG beachten Freistellungsauftrag hereinnehmen
Zusatzverkauf	Nach drei Monaten regelmäßiger Gehaltseingänge kann Debit-Karte ausgegeben und Dispo-Limit eingeräumt werden.
Verabschiedung	

KB 3.01

Gesprächsansätze

Kreditanfrage Überziehungsmöglichkeit

Begrüßung	
Kontaktthema	Kauf des neuen Autos
Bedarfsanalyse	Ermittlung des erforderlichen Kapitals: – Kaufpreis des PKW abzüglich eventueller Inzahlungnahme eines alten PKW, vorhandenes Eigenkapital Ermittlung des frei verfügbaren Einkommens zur Finanzierung des PKW – Haushaltsrechnung – Einkommen abzüglich Ausgaben (Selbstauskunft, institutsinterne Pauschalen) Sicherheiten – ggf. Sicherungsübereignung oder andere Sicherheiten – Sicherheit(en) kurz aber genau darstellen
Angebot	Erhöhung der Überziehungsmöglichkeit nicht sinnvoll, weil – sie wesentlich teurer ist als ein Ratenkredit – die Überziehung zur Abwicklung des (alltäglichen) Zahlungsverkehrs dient – der Kunde bei einem Ratenkredit einen besseren Überblick hat über seine Zahlungen; Girokonto und Überziehungsmöglichkeit bleiben ebenfalls übersichtlicher Angebot Ratenkredit mit einer dem verfügbaren Einkommen angemessenen Ratenhöhe – Höhe der Rate – Laufzeit – Zinssatz – vorvertragliche Informationen; ggf. erklären – Sicherheiten
Vertragsabschluss	– Kreditvertrag erstellen und einzelne Vereinbarungen besprechen – ggf. Sparkonten / Festgeldanlage auflösen (vorbereiten) bzw. Umbuchungen vorbereiten. – Sicherheitenvertrag schließen
Zusatzverkauf	– Autoversicherung – je nach Ratenhöhe weitere freie Einkommensteile regelmäßig sparen
Verabschiedung	

Fortsetzung auf der nächsten Seite

KB 3.01

Fortsetzung

Beispielansätze / Erläuterungen:

Ermittlung des erforderlichen Kapitals (Annahmen bzw. Angaben des Kunden aus dem Beratungsgespräch heraus):

- Der Kunde möchte das Festgeld zur Finanzierung einsetzen und das Sparkonto und die Wertpapiere zur Vorsorge behalten.
- Das Festgeld soll nur zum Teil genutzt werden.
- Nur der vorschusszinsfreie Teil vom Sparkonto soll genutzt werden.
- Der Kunde hat ein / hat kein Auto, das in Zahlung gegeben werden könnte.

Nach entsprechender Ermittlung des Kreditbedarfs, erfolgt nun die Ermittlung des frei verfügbaren Einkommens:

Hinweis:
Hier sollten die Auszubildenden unbedingt darauf achten, ihre eigenen, hausinternen Berechnungsmethoden zu kennen und anzuwenden, wenn keine anderen Vorgaben in der Aufgabenstellung gemacht wurden! So sollten die Auszubildenden die Pauschalen für Lebenshaltungskosten bei einer Person / bei zwei Personen etc. kennen, aber auch wissen, ob PKW, Miete etc. in diesen Pauschalen enthalten sind.

Nach Ermittlung des frei verfügbaren Einkommens sollte in einer Überschlagsrechnung die passende Laufzeit für diesen Kredit ausgerechnet werden, oder, wenn der Kunde eine bestimmte Laufzeit wünscht, die entsprechende Ratenhöhe.

Hinweis:
In vielen mündlichen Prüfungen wird noch nicht mit den entsprechenden Tabellen gearbeitet, aus denen sich einfach die Ratenhöhe für einen bestimmten Kreditbetrag bei einem bestimmten Zinssatz und gegebener Laufzeit ergibt (vgl. Aufgabe 3.03 in diesem Prüfungstrainer). Stattdessen wird von den Auszubildenden eine Überschlagrechnung erwartet. Wichtig an dieser Stelle zu wissen ist, dass dabei mit einer durchschnittlichen Kreditlaufzeit gerechnet werden muss.

Im Folgenden findet sich eine derartige Beispielrechnung mit fiktiv angenommenen Daten:

Möglicher Kreditbetrag: 15.000,00 EUR
Laufzeit: 60 Monate
Zinssatz: 6,8 % p. a.

Überschlagmäßige Berechnung der Zinsen (Kreditkosten):

$$Z = \frac{\text{Betrag} \cdot \text{Zinssatz} \cdot \text{durchschnittliche Kreditlaufzeit in Monaten}}{12 \cdot 100}$$

Die durchschnittliche Laufzeit wird wie folgt berechnet:

$$\frac{\text{längste Laufzeit} + \text{kürzeste Laufzeit}}{2} = \frac{60 + 1}{2} = 30{,}5$$

$$Z = \frac{15.000{,}00\text{ EUR} \cdot 6{,}8 \cdot 30{,}5}{12 \cdot 100} = 2.592{,}50\text{ EUR}$$

Berechnung der monatlichen Rate: $\frac{15.000{,}00\text{ EUR} + 2.592{,}50\text{ EUR}}{60} = \mathbf{293{,}21\ EUR}$

KB 3.02

Gesprächsansätze

Kreditanfrage Ratenkredit, Vergleichsangebote für eine PKW-Finanzierung

Gesprächsansätze: Vergleich verschiedener Pkw-Finanzierungen (hier: Leasing versus Finanzierung bei einem Kreditinstitut) Schwerpunkt des Gesprächs soll auf dem Vergleich der beiden Alternativen liegen und weniger auf dem Sicherheitenaspekt.

Begrüßung	
Kontaktthema	Bevorstehende Abschlussprüfung Kauf des neuen Autos
Bedarfsermittlung	– hat der Kunde Kenntnisse über Leasing- / Kreditfinanzierungen (Wesen des Leasings darstellen) – Aufzeigen grundlegender Unterschiede zwischen Leasing und Kreditfinanzierung Kostenrechnerischer Vergleich: Ermittlung und Gegenüberstellung sowohl der Gesamtkosten als auch der monatlichen Rate beider Finanzierungsalternativen (Beispielrechnung siehe Anlage) Qualitative Analyse Gegenüberstellung von qualitativen Aspekten der beiden Finanzierungen, Sicherheitenstellung? (blanko, Sicherungsübereignung, Bürgschaft der Eltern)
Angebot	Ratenkredit kann gewährt werden. Allerdings hat der kostenrechnerische Vergleich ergeben, dass Leasing etwas günstiger ist. Dem Kunden die Vorteile einer Bankfinanzierung deutlich machen (vgl. Anhang).
Vertragsabschluss	Ausfertigung der Vertragsunterlagen und Erläuterung der einzelnen Vereinbarungen (seit 11.06.2010 sind die vorvertraglichen Informationen – VVI – im Rahmen der neuen Verbraucherkreditrichtlinie zwingend vorgeschrieben!)
Zusatzverkauf	– KfZ-Versicherung – regelmäßige Sparleistung aufgrund eines höheren Einkommens als zu Zeiten der Ausbildung zur Finanzierung eines späteren Auszugs aus der elterlichen Wohnung (Umzug, neues Mobiliar etc.). – Restschuldversicherung (Probezeit, Wirtschaftskrise)
Verabschiedung	

Kostenrechnerischer Vergleich

Wichtig beim kostenrechnerischen Vergleich ist, dass gleiche Parameter miteinander verglichen werden müssen, um zu einem aussagekräftigen Urteil zu kommen. So muss z. B. auch bei der Kreditfinanzierung zunächst einmal mit einer Laufzeit von drei Jahren ausgegangen werden, um eine Vergleichbarkeit mit dem Leasingangebot zu gewährleisten.

Fortsetzung auf der nächsten Seite

KB 3.02

Fortsetzung

Leasing (mit Übernahme nach 3 Jahren)	Kreditfinanzierung
Gesamtaufwand: 36 · 199,00 EUR 7.164,00 EUR + Sonderzahlung 5.000,00 EUR + Restwert 9.900,00 EUR **= Gesamtaufwand 22.064,00 EUR**	Zu finanzierender Betrag: 22.900,00 EUR – 10 % Rabatt = 20.610,00 EUR 20.610,00 EUR – 5.000,00 Barmittel = 15.610,00 EUR Bei 10.000,00 EUR Kredit beträgt die monatliche Rate bei einem Zinssatz von 7,5 % p. a. und einer Laufzeit von 36 Monaten: 311,06 EUR Daraus ergibt sich: 10.000,00 ≙ 311,06 EUR 15.610,00 ≙ x EUR x = 485,56 EUR 485,56 EUR · 36 Monate = 17.480,16 EUR Gesamtaufwand: Kredit + Zinsen 17.480,16 EUR + Anzahlung 5.000,00 EUR **= Gesamtaufwand 22.480,16 EUR**
Monatliche Rate: Leasingrate: 199,00 EUR + Ansparen des Restwertes 275,00 EUR (theoretische) **monatliche Rate: 474,00 EUR**	Monatliche Rate: Gesamtaufwand: 22.480,16 EUR – Barmittel (Anzahlung) 5.000,00 EUR = 17.480,16 EUR 17.480,16 : 36 Monate = **485,56 EUR / Monat**

Fazit: Beim kostenrechnerischen Vergleich ist das Leasing etwas günstiger als die Kreditfinanzierung. Da der finanzielle Unterschied jedoch nur gering ist, sollte es für den Bankberater kein Problem sein, anhand der qualitativen Analyse den Kunden von der Kreditfinanzierung bei der Bank zu überzeugen.

Fortsetzung auf der nächsten Seite

KB 3.02

Fortsetzung

Qualitative Analyse / Darlegung der Vorteile einer Kreditfinanzierung:

- Kundin erwirbt beim Leasing kein Eigentum; bei der Kreditfinanzierung wird sie Eigentümerin und kann mit dem Auto machen, was sie möchte (verleihen, Umbauten vornehmen lassen, Versicherung und Werkstätten frei wählen, andere Personen fahren lassen u. a.).
- Beim Leasing muss der Leasingnehmer (Frau Münch) den Wagen in besonderem Maße schonend behandeln, denn entspricht das Fahrzeug am Ende der Leasingdauer nicht dem vereinbarten Zustand und ist das Fahrzeug hierdurch im Wert vermindert, ist der Leasingnehmer zum Ausgleich dieses Minderwertes verpflichtet (z. B. „Raucherhimmel", Tierhaare). Dieser Aspekt des „ordnungsgemäßen Zustandes" führt häufig zu Unklarheiten und Problemen.
- Ein Leasingvertrag ist während der Leasinglaufzeit nicht kündbar, bei einer Kreditfinanzierung kann – wenn die Umstände es erfordern sollten – der Wagen während der Kreditlaufzeit verkauft werden und der Kredit damit auch u. U. abgelöst werden (Kündigungsvorschriften bei Verbraucherdarlehen beachten).
- Die Kilometerbeschränkung muss genau beachtet werden, denn zu viel gefahrene Kilometer müssen teuer bezahlt werden.
- Eine Vollkaskoversicherung ist beim Leasing zwingend vorgeschrieben.
- Beim Leasing muss der Kunde das Modell aus dem Angebot nehmen, Sonderwünsche können i. d. R. nicht berücksichtigt werden (andere Lackierung, Soundsysteme o. ä.).
- Bei einer Kreditfinanzierung tritt der Kunde beim Autohändler als Barzahler auf und kann noch einen Barzahlerrabatt aushandeln.
- Als langjähriger Kunde sind Kreditinstitute in der Regel kulanter als Leasinggesellschaften, wenn es bei vorrübergehenden finanziellen Engpässen um Stundung oder Ratenaussetzung geht.
- Deutlich machen, dass nach Ablauf der Leasinglaufzeit, i. d. R. ein neues Fahrzeug geleast werden muss bzw. bei manchen Vertragsvarianten kann das alte Fahrzeug zum kalkulierten Restwert übernommen werden. In beiden Fällen benötigt der Kunde jedoch finanzielle Mittel (neue Anzahlung bzw. Zahlung des Restwertes bei Übernahme). Hier muss dem Kunden verdeutlicht werden, dass er diese finanziellen Mittel quasi ansparen muss und rein rechnerisch müsste das auf die monatliche Leasingrate geschlagen werden, um einen fairen Vergleich zu erzielen (vgl. auch Beispielrechnung).

Gesprächsansätze

Baufinanzierung

Begrüßung	
Kontaktthema	Der geplante Hauskauf.
Bedarfsanalyse	Ermittlung des erforderlichen Kapitals – Kaufpreis der Immobilie – Grunderwerbsteuer – Notarkosten – Gerichtskosten – ggf. Maklerprovision – Umzugskosten – ggf. Renovierungskosten/Sanierungskosten/Umbaukosten – Mobiliar/Gartenanlage Klären, ob bestehende Vermögenswerte (Depot) in die Finanzierung einfließen sollen. Ggf. Ermittlung des frei verfügbaren Einkommens zur Finanzierung des Hauskaufs und der monatlichen Belastung aus den Darlehen. **Hinweis:** Zeitlich würde dieser Aspekt i. d. R. den Rahmen der mündlichen Prüfung sprengen, nichtsdestotrotz sollte der Auszubildende darauf vorbereitet sein, insbesondere, wenn entsprechende Konditionen angegeben sind. Sicherheiten

Fortsetzung auf der nächsten Seite

KB 3.03

Gesprächsansätze

Baufinanzierung

<table>
<tr><td>Angebot:</td><td>
Mehrere Darlehen:

1. KfW-Darlehen (Wohneigentumsprogramm): maximal 50.000,00 EUR
Kurze Erläuterung dieses Darlehens:
– Antrag über die Gartenbank <u>vor</u> dem Kauf (spätestens 5 Bankarbeitstage nach Abschluss des notariellen Kaufvertrages).
– Annuitätendarlehen mit einer Laufzeit bis 35 Jahre; Zinsbindungsfrist: 5 oder 10 Jahre, zu Beginn der Laufzeit können bis zu 5 tilgungsfreie Jahre vereinbart werden.
– Während der Zinsbindung ist keine Sondertilgung möglich.
– Die Darlehen müssen immer mindestens in Darlehenshöhe grundpfandrechtlich besichert werden. Auch nachrangige Grundschulden werden akzeptiert.

Hinweis: Manchmal sind die Konditionen der Hausbank günstiger als die der KfW. Hier muss der Auszubildende individuell handeln und souverän auftreten (er/sie sollte sicher im Umgang mit gängigen Kreditkonditionen sein).

2. Endfälliges Darlehen (Festdarlehen) (wenn das Depot in die Finanzierung einfließen soll) über 40.000,00 EUR
– Laufzeit: 2 Jahre
– Keine laufende Tilgung, da die Tilgung am Ende der Laufzeit in einer Summe erfolgt
– Gleichbleibende (monatliche) Belastung, die nur aus Zinszahlungen besteht
– Ablösung des Darlehens nach Fälligkeit der Wertpapiere

3. Bauspardarlehen über 30.000,00 EUR:
– Darlehenszinsen und monatlicher Tilgungsbetrag sind abhängig von der bei Abschluss gewählten Tarifvariante
– Durch die hohe Tilgung wird das Bauspardarlehen innerhalb einer relativ kurzen Zeitdauer getilgt.
– In einer Niedrigzinsphase muss überprüft werden, ob der Darlehenszins des Bauspardarlehens konkurrenzfähig ist mit den hauseigenen Immobiliendarlehenskonditionen.

Hinweis: Bei der Tilgungsberechnung sollte der Auszubildende realistische Konditions-Annahmen treffen, wenn in der Situationsbeschreibung keine genauen Angaben gemacht werden.

– Monatliche Rate: z. B. 5 ‰ der Bausparsumme (50.000,00 EUR) = 250,00 EUR monatlich
</td></tr>
</table>

Fortsetzung auf der nächsten Seite

Gesprächsansätze

Baufinanzierung

Angebot:	**4. Restkapital über ein Annuitätendarlehen** Bedarf: 160.000,00 EUR (angenommener Kapitalbedarf) – 50.000,00 EUR KfW-Darlehen – 40.000,00 EUR Festdarlehen – 30.000,00 EUR Bauspardarlehen = 40.000,00 EUR Annuitätendarlehen – Eventuell die 50.000,00 EUR aus dem geplanten KfW-Darlehen hier mit einbeziehen (vgl. Hinweis oben). – Auf Sondertilgungsmöglichkeiten eingehen, die das KfW-Darlehen nicht anbietet. – Zinsbindung ansprechen: 5 oder 10 Jahre fest (unterschiedliche Konditionen je nach Zinsbindungsfrist) – VVI (Vorvertragliche Informationen) ansprechen (Aushändigung ist i. d. R. noch nicht möglich) und dem Kunden erklären, dass er damit ganz in Ruhe die Darlehensbedingungen und Konditionen auch anhand seines persönlich gewünschten Finanzierungsbedarfs nachlesen kann. Abzahlungsdarlehen ist wegen der anfänglich sehr hohen Belastung eher nicht geeignet.
Vertragsabschluss	Antrag KfW vorbereiten VVI und Darlehensverträge vorbereiten Sicherheiten: Verpfändung der Wertpapiere aus dem Depot vorbereiten
Zusatzverkauf	Gebäudeversicherung / Hausratversicherung
Verabschiedung	

KB 3.04

Gesprächsansätze

Baufinanzierung Dachgeschossausbau

Begrüßung	
Kontaktthema	– Zweites Kind – Ausbau Dachgeschoss
Bedarfsanalyse	– Ermittlung des Finanzierungsbedarfs Dachgeschossausbau Ablösung Darlehen bei der Konkurrenzbank Einzusetzendes Eigenkapital (auch Sparbrief in 2 Jahren, z. B. durch Sondertilgung berücksichtigen) – Kündigungsmöglichkeiten für das Hypothekendarlehen zum Ende der Zinsfestschreibung erläutern – Beleihungsgrenze ermitteln (Beispielrechnung siehe Anlage)
Angebot	– Angebot Grundschulddarlehen – Konditionen erläutern
Vertragsabschluss	– Darlehensvertrag ausfertigen und einzelne Vereinbarungen erläutern (z. B. Abtretung der Grundschuld von der Konkurrenzbank) – Unterlagen für die Ablösung des fremden Darlehens aufzählen (z. B. Valutenbescheinigung der Konkurrenzbank) – Weitere Unterlagen zur Kreditprüfung anfordern
Zusatzverkauf	– Versicherungen überprüfen (Hausratversicherung erhöhen usw.) – Bausparvertrag für Renovierungsarbeiten – Ansparprodukte für die beiden Kinder (Ausbildungsfinanzierung)
Verabschiedung	

Fortsetzung auf der nächsten Seite

Beispielrechnung

Ermittlung des Finanzierungsbedarfs

Finanzierungsbedarf = Darlehen für den Ausbau + Ablösung des Fremddarlehens
Finanzierungsbedarf = 50.000 + 90.000
Finanzierungsbedarf = 140.000 EUR

Ermittlung der Beleihungsgrenze des Finanzierungsobjektes

Beleihungsgrenze = Sachwert · Beleihungssatz
Beleihungsgrenze = 275.000 · 60 %
Beleihungsgrenze = 165.000 EUR

Der Finanzierungsbedarf liegt im Rahmen der Beleihungsgrenze, das Darlehen kann in voller Höhe gewährt werden.

Belastung aus dem Grundschulddarlehen

$$\text{Annuität} = \frac{\text{Kreditbetrag} \cdot (\text{Zins} + \text{Tilgung})}{12 \text{ Monate}}$$

$$\text{Annuität} = \frac{140.000 \cdot 6{,}0\ \%}{12}$$

Annuität = 700 EUR

Ermittlung des frei verfügbaren Einkommens

	Einkommen Ehemann		3.000 EUR
–	Pauschale Lebenshaltungskosten	–	1.000 EUR
–	Bewirtschaftungskosten (2,50 EUR/m²)	–	625 EUR
=	frei verfügbares Einkommen	=	1.375 EUR

Überprüfung der Bedienbarkeit

Das frei verfügbare Einkommen reicht aus, um die monatlichen Belastungen aus dem Grundschulddarlehen zu tragen.

KB 3.05

Gesprächsansätze

Firmenkundengeschäft: Avalkredit und Bürgschaft für einen Kontokorrentkredit

Begrüßung	
Kontaktthema	Entwicklung der Geschäfte, Bezug auf den letzten großen Vertragsabschluss
Bedarfsanalyse	– Gründe für den Liquiditätsengpass – Kenntnisstand des Kunden zu Avalkrediten – Gründe für die Kündigung der Bürgschaft vor dem Hintergrund ordentliche/außerordentliche Kündigung hinterfragen (sofern der Kunde darüber sprechen möchte)
Angebot:	Teil 1: Beratung des Kunden zum Avalkredit – Wesen – Vorteile – Avalkreditabwicklung: Bonitätsprüfung, ggf. Stellung von Sicherheiten, Laufzeit des Avals, genaue Beschreibung des Verwendungszwecks, Verpflichtung der Gartenbank „auf erstes Anfordern" zu zahlen, Kosten des Avals (Avalprovision ca. 3 % p. a. + Entgelt für Ausstellung der Avalurkunde, ca. 30,00 EUR) – Beispielsrechnung vorführen: Auftrag über 200.000,00 EUR, davon werden 7 % zurückbehalten (= 14.000,00 EUR – auf diesen Betrag wird die Avalprovision berechnet) *14.000,00 EUR x 3% Avalprovision = 420,00 EUR pro Jahr. Bezogen auf ein halbes Jahr: 210,00 EUR + 30,00 EUR Urkundenausstellung* *= 240,00 EUR/Auftrag* – Voraussetzung für die Inanspruchnahme der Gartenbank AG Teil 2: Erläuterung der Kündigungsmodalitäten bei einer Bürgschaft – vgl. Vertrag Nr. 9 (1) in Verbindung mit 9 (4) – Kündigung ist heute möglich, da die Bürgschaft seit mehr als einem Jahr besteht. – Einhaltung einer Kündigungsfrist von 3 Monaten nach Zugang des Kündigungsschreibens bei der Bank – Wirksamwerden der Kündigung nach 3 Monaten (Zugang der Kündigung bei der Bank z. B. am 03.05. → wirksam am 03.08.) – Bedeutung: Haftung besteht weiterhin, und zwar für den aktuellen Kontostand am Tag des Wirksamwerdens der Kündigung. Wird der Sollsaldo zurückgeführt, verringert sich auch der Haftungsumfang entsprechend und der Haftungsumfang kann sich nach einer wirksamen Kündigung nicht mehr vergrößern, sondern nur noch sinken, bis das entsprechende Konto vollständig ausgeglichen ist. Erst dann ist der Bürge aus der Bürgschaft entlassen.
Vertragsabschluss	Teil 1: je nach Ausgang der Bonitätsprüfung Avalkreditvertrag vorbereiten.
Verabschiedung	